# Inscriptions huguenotes

(Poitou, Aunis, Saintonge, etc.)

par

H. Gelin

1894

(Extrait du Bulletin de l'Histoire du protestantisme français)

# INSCRIPTIONS HUGUENOTES

(POITOU, AUNIS, SAINTONGE, ETC.)

---

Les inscriptions huguenotes sont de deux sortes.

Les unes présentent un caractère purement commémoratif ou historique. Elles ne sont qu'une application de l'épigraphie usuelle aux événements et aux personnages de la Réformation.

Les autres, qu'on pourrait qualifier d'*inscriptions religieuses*, offrent un aspect très particulier et distinctif. Tantôt elles consistent en réflexions, sentences, devises, où domine l'inspiration biblique; tantôt elles reproduisent ou paraphrasent un passage des Livres Saints.

L'inscription de forme axiomatique ou sentencieuse, si répandue au XVIe siècle, a certainement des racines dans le passé. Les Grecs gravèrent des devises sur leurs boucliers. La chevalerie du moyen âge en mit autour de ses blasons. Ce furent des cris de guerre, des jeux de mots sur les noms de famille, ou, plus souvent, des aphorismes empruntés au fonds général des idées ambiantes.

Mais il appartint aux circonstances mêmes et au mouvement d'esprit d'où sortit la Réforme d'imprégner devises et sentences d'un parfum biblique très prononcé.

De telle sorte que, en l'absence de données historiques certaines, la caractéristique la plus générale et la plus sûre de l'inscription huguenote, c'est l'inspiration morale, c'est la citation biblique; et cela indépendamment de la langue dans laquelle l'inscription a été rédigée.

1

Il n'est pas étonnant, en effet, que les protagonistes de la Réforme et ses premiers adeptes, érudits, lettrés polyglottes, à qui le latin, le grec, et même l'hébreu furent souvent familiers, aient usé de ces langues pour les inscriptions pieuses dont quelques-uns se plurent à orner leurs demeures. Ce fut surtout par le besoin de devenir accessible aux masses populaires que la Religion réformée rejeta du culte l'emploi du latin et résolut de « ne prier Dieu qu'en beau langage français ». Mais en dehors de l'enseignement, de la prédication, du chant et de la prière, toujours faits en langue vulgaire, écrivains religieux et pasteurs ne se privèrent jamais, dans leurs écrits, dans leurs devises personnelles, dans les inscriptions qu'ils dictèrent, de mettre largement à contribution les langues anciennes. Aussi un grand nombre d'inscriptions, d'origine incontestablement huguenote, comme celle de l'ancien temple de Civray (*Domus mea domus orationis vocabitur*) sont-elles rédigées en latin ; d'autres sont en grec ; enfin quelques-unes, en petit nombre, sont en langue hébraïque.

## I. — Devises des marques d'imprimeurs.

C'est sur les marques typographiques — mieux encore que dans les écussons d'armoiries — que les formules morales et religieuses, les réminiscences bibliques apparaissent et suivent un développement progressif, avant et après l'apparition de la Réforme.

Ces devises d'imprimeurs offrent d'ailleurs l'avantage de porter avec elles une date, celle du volume dont elles occupent le frontispice. Plusieurs, répandues par le livre, se retrouveront ensuite un peu partout dans les inscriptions lapidaires.

En voici quelques-unes, classées autant que possible dans l'ordre chronologique :

1489. — Du libraire Durand Gerlier : *Deum time, pauperes sustine, memento finis* (Crains Dieu, soutiens les pauvres, songe à la mort).
— Se retrouve en 1515 sur la marque de Martin Boillon, de Lyon.

1487-1506. — De Guy Marchand, à Paris : *Sola fides sufficit* (La foi seule suffit). — La même devise accompagne, en 1505, la marque de l'imprimeur Pierre Jacob, de Toul.

1493. — De Jean Maurand : *Dieu soit en mon commencement et à ma fin.*

1501. — De Claude Nourry, à Lyon : *Cor contritum et humiliatum, Deus, non despicies.* Ps. LI, 19 (O Dieu, tu ne méprises point le cœur contrit et brisé).

1532. — De Simon Dubois, à Alençon, sur *Le Livre des Psalmes*[1] : *Miséricorde environne celluy qui espère au Seigneur Dieu.* Ps. XXXII.

1539. — De Etienne Dolet: *Préserve-moi, ô Seigneur, des calomnies des hommes.*

1540.— De Michel le Noir :

*C'est mon désir | De Dieu servir |*
*Pour acquérir | Son doux plaisir.*

1553. — De Jean Girard, sur l'*Institution chrétienne* de J. Calvin : *Non veni ut mitterem pacem in terram, sed gladium.* Math., X (Je ne suis pas venu apporter la paix sur la terre, mais le glaive). — Ce texte se retrouve dans la marque du libraire Pierre Sorel sur une Bible de 1555.

1554. — De Jean Crespin (*Le Livre des martyrs*). Ps. XLIIII : *C'est pour toy, Seigneur, que nous sommes tous les iours occis et sommes estimez comme brebis d'occision.* — Math., XXIIII : *Qui lit, si entende.*

1554. — De Philbert Hamelin, sur l'*Institution chrétienne* (Genève) : *Toute plante que le Père Céleste n'a point plantée sera arrachée.* Math., XV.

*Jusques à quand, Seigneur?* Habacuc, I.

1561. — De Conrad Badius, sur les *Commentaires*, de J. Calvin :

*Des creux manoirs et pleins d'obscurité,*
*Dieu, par le temps, retire vérité.*

1562. — De l'imprimeur François Jacquy (pour Antoine Vincent), sur les *Pseaumes* de Marot et de Bèze : *Soyez sobres, vêtus du hallecret de foy et charité : et pour le haume, l'espérance de salut.* 1 Thessaloniciens, 5[2].

---

1. Voy. *Bulletin*, 1893, p. 98 et ss.
2. Ce texte est reproduit dans une inscription lapidaire à Cognac (Charente).

1566. — De François Perrin, à Genève, sur l'*Institution chrétienne* : *Entrez par la porte estroite, car c'est la porte large et le chemin spacieux q mène à perdition*. Math., 7[1].

*Je suis la porte; si aucun entre par moy, il sera sauvé*. Jean, X.

1568. — De Benoist Rigaud, à Lyon : *Toutes les choses que les hommes vous facent, faictes leur aussi semblablement*. Math., VIII.

Au cours du xvıı[e] siècle la devise qui accompagne l'*orme* et le *solitaire* des Elzeviers (*Vide benignitatem ac severitatem Dei*[2]) est adoptée par un grand nombre d'éditeurs d'ouvrages protestants[3]. — Mais nous n'avons pas l'intention de poursuivre ici l'étude de ces devises du livre [4]; nous voulons seulement indiquer le caractère qu'elles prirent vite sous l'influence des idées de réforme religieuse.

## II. — Devises héraldiques et autres.

Quant aux devises lapidaires accompagnant les armoiries, qui sembleraient devoir conduire plus directement vers nos

1. Cette devise, adoptée également par Nicolas Portau, de Saumur (1600-1623), se trouve en diverses inscriptions lapidaires : au Clou-Bouchet, de Niort (1564); à Briançon, à Saint-Pompain, etc.

2. Partie du v. 22, chap. XI, de l'Epître aux Romains : « Considère donc la bonté et la sévérité de Dieu (la sévérité à l'égard de ceux qui sont tombés, sa bonté envers toi). »

3. La devise : *Povreté empesche les bons esprit*<sub></sub> *de parvenir*, attribuée à Palissy, appartient en réalité à son éditeur, le libraire Berton, de la Rochelle, qui imprima en 1563 le premier ouvrage du célèbre potier huguenot. Elle se trouve également sur les premiers volumes de l'*Histoire universelle* de d'Aubigné, imprimés à Maillé (Vendée) en 1620, par Jean Moussat; sur des livres édités par Jehan Brethommé, de la Rochelle, en 1516, etc.

4. Les devises personnelles des premiers pasteurs de l'Eglise réformée ont un air de parenté visible avec celles que nous venons de relever. En voici quelques-unes (communic. de M. O. Cuvier) :

De Jean Taffin, de Metz (1561-1569) :

*En Dieu ta vie, en Dieu ta fin. De mieux en mieux.*

De François Buffet, de Metz (1580-1610) :

| *Je prends de bon cœur* | *Un peu me contente.* |
| *Ce que le Seigneur* | *Beaucoup me tourmente.* |
| *Me veut concéder* | *Christ ou rien.* |
| *Car de posséder* | |

inscriptions huguenotes, elles revêtent souvent une physionomie très vague, qui les rend assez malaisément attribuables aux partisans ou aux précurseurs d'une communion religieuse déterminée. Il n'y a, en effet, aucune raison pour que Spes mea Deus[1] (Mon espoir est en Dieu), In Domino confido[2] (Je me confie en Dieu), Miserere mei Domine (Aie pitié de moi, Seigneur), et autres devises analogues, reproduites à l'infini près des pièces héraldiques, aient été exclusivement adoptées par des familles huguenotes ou disposées à le devenir, d'autant qu'on peut les lire fréquemment sur des édifices dont l'origine catholique n'est pas douteuse.

A la Rochelle, sur la façade de la maison Ledoux (rue Général-Admirault, 22), autour de figures héraldiques très frustes qu'elle entoure d'un encadrement ovale, se trouve la légende suivante :

TVNC SATIABOR CVM APPARVERIT GLORIA TVA. PS. 16.
AB 1516 CB.

(*Je serai rassasié quand ta gloire apparaîtra.* Ps. XVI, v. 11).

1. Au château de la Fouquetière, commune de Scillé (Deux-Sèvres), on lit l'inscription :

SPES MEA DEVS. 1609
O IESV. MISERERE. MEI
S.A P.A I.A

Sur le bois de la porte d'entrée d'une tour octogone du château de Perrenon, commune d'Avy (Charente-Inférieure), château qui aurait, d'après la tradition, servi de rendez-vous de chasse aux ducs d'Epernon M. le pasteur Th. Maillard a lu, gravés au couteau, les mots suivants :

SPES MEA DEVS. 1549.

La croix de cimetière de Menigoute (Deux-Sèvres), porte l'inscription :

I DIE APRILI. 1592
SPES MEA DEVS.

Sur le bas-côté nord de l'église de Villesalem, près la Trémouille (Vienne), on lit :

IHS — MA. L'AN 1617 | SPES | MEA | DEVS | .

2. C'est la devise de l'imprimeur Jacques de Junte, Lyon, 1540. On la retrouve, sous forme d'inscription, sur une cheminée d'une maison de la rue Victor-Hugo, à Niort. — A Poitiers, une maison de la rue du Marché porte, au-dessus des fenêtres du deuxième étage, deux cartouches, datés de 1557, et où on lit :

HOC. EST. REFVGIVM. MEVM et IN DNO CONFIDO
(*Ce lieu est mon refuge*).

C'est, à notre connaissance, la première en date des inscriptions lapidaires qui reproduisent un texte biblique. Comme il arrive trop fréquemment, la pierre qui la porte n'occupe plus sa place primitive.

Les armoiries du sire de Bosredon étaient également accompagnées d'une devise pieuse :

PORTIO MEA TECVM DOMINE.
(*Mon lot est d'être à toi, ô Dieu*).

La devise armoriale de la maison de Béthune était :

SPES IN DEO NON VANA.
(*L'espoir en Dieu n'est pas vain*).

Nos ancêtres du xvi$^e$ et du xvii$^e$ siècle étaient gens très sentencieux. Ils aimaient à résumer en un précepte concis quelque idée dominante ou une notion pratique à laquelle ils attachaient un grand prix, et ils en ornaient volontiers leurs demeures.

C'est à coup sûr un raisonneur qui inscrivit, sur la saillie des créneaux de l'ancienne maison Dansais de la Villatte, à Poitiers, des lettres qui, rassemblées, forment la légende :

TOVT PAR RAISON. RAISON PARTOVT. — 1581 [1].

Sans doute est-ce à une réminiscence cartésienne que nous devons l'inscription de la maison Cruchaudeau, à Bouin (Deux-Sèvres) :

MIHI ESSE | SVFFICIT ◊ EGO | SVM ◊ ATQVE FVI ◊ ET | SEMPER ERO | 1679.
(*Il me suffit d'être : je suis, et j'ai été, et je serai toujours*).

Les deux phrases suivantes, gravées séparément sur des linteaux de fenêtre provenant de la gentilhommière de Sainte-Rue, commune de Saint-Médard (Deux-Sèvres), actuellement plaqués dans le mur d'une ferme, expriment la pensée hésitante d'un sceptique, tour à tour pusillanime ou résigné :

MOVRIR IE CRAINS ET VIVRE ME ÑVIES
IATENT LEVHRE. — 1562.
(*J'attends l'heure*).

---

[1]. De Longuemar, *Epigraphie*, in Mémoires de la Société des antiquaires de l'ouest, 1863, p. 300.

Mais le plus souvent les maximes visent à l'expression d'une forte pensée morale.

Telles :

L'inscription en lettres grecques, aujourd'hui disparue, que M. Th. Maillard se rappelle avoir lue, dans sa jeunesse, à La Mothe-Saint-Héray (Deux-Sèvres) :

ΕΥΣΕΒΕΙΑ ΚΑΙ ΤΙΜΠ.
*(Piété et honneur).*

Celle du château de la Cressonnière, commune de Cezais (Vendée) :

VERTV · ESTAINCT
LE · VICE. 1566 [1].

Celle de la Grange-Fougère, commune de la Chapelle-Bâton (Deux-Sèvres).

VIRTVTE ET LABORE. 1598. — FM.—CT.

*(Par la vertu et le travail)* (François Marchand. Catherine Texier).

Celle de la maison Gauthier, rue Dorée, 10, à Nimes.

VIRTVS TRAHIT HONO[RES] [2].
*(La vertu attire les honneurs).*

Celle de la Morlière de Fonvérines, commune de Breloux (Deux-Sèvres) :

LE · CONTANT · EST · RICHE [3].

Parfois l'inscription prend des allures de réflexion personnelle et d'ordre plus intime :

A Loudun, sur une maison de la rue des Navaux :

EN DEPIT DES | ENVIEVX |
IELEVE MON CŒVR | IVSQVES AVX CIEVX [4].

A La Rochelle, maison Cartier, rue de la Cloche, n° 10

---

1. B. Fillon, *Poitou et Vendée*, art. sur La Chataigneraie, p. 4.
2. Communication de M. Dardier.
3. Lecture A. Bouneault. — C'est, sous une forme plus lapidaire, le vers de Voltaire :

Qui borna ses désirs fut toujours assez riche.

4. De Longuemar, *loco cit.*, p. 353.

(l'inscription occupe un double encadrement ovale autour d'armoiries mutilées) :

DIEV · MA · EXAVCE · EN · MON · HVMILITE · ET · CONSERVE · MON. INNOCENCE. — GVILLAVME · TEXIER · ESCVIER · S<sup>r</sup> · DE · POLIAS.

(Ce Guillaume Texier, s<sup>r</sup> de Poulias et des Fragnées, était maire de la Rochelle en 1576.)

A Escurat, prés de Saintes, sur la clé du portail crénelé de la maison Guilloteau (ancienne demeure des Meschinet de Richemond, qui appartinrent, dès l'origine, à la Réforme) :

1601
DE · LIEV · DESERT · EN · CVLTVRE
IAY · ESTE · MIS · PAR · LA · CVRE
DE · MESCHINET · ET · PRODVIS
DE · TRES · AGREABLES · FRVITS
PAR · SIT · FORTVNA · LABORI.

Peut-être serait-on autorisé à trouver dans les inscriptions suivantes une allusion au triomphe de la Réforme :

Au château de La Gord, commune de Xaintray (Deux-Sèvres), actuellement maison Richard :

POS TENEBRAS SPERO LVCEM[1].
(Après les ténèbres j'attends la lumière).

Sur le linteau d'une fenêtre du rez-de-chaussée de l'ancienne maison Bergier[2], à La Jarrie (Charente-Inférieure) :

POST TENEBRAS LVX. — 1565.

Au village de Vaux, près de Metz :

VOVS COVTVME | ET ANTIQVITE
FAITES PLACE | A LA VERITE. — 1582[3].

D'autres fois, l'inscription joue sur les mots.

Dans le même village de Vaux, avec la même date de 1582, on lit l'inscription suivante, allusive au nom d'une famille réformée, les Bonhomme :

AVEC ESPERANCE LE BONHOMME LABOVRE*.

---

1. Lecture A. Bouneault.
2. Jean Bergier, écuyer, sieur de la Jarrie, membre du corps de ville de La Rochelle, est l'auteur d'un journal historique ou *Diaire* allant de 1592 à 1597. — Communication de M. de Richemond.
3. Communication de M. le pasteur O. Cuvier, de Metz.

Au château de Disconches, près de Saintes[1], la famille Mage, qui appartenait également à la Réforme, fit graver, à gauche de ses armoiries[2] :

ASTRA | DVXERVNT | MAGEOS AD | CHRISTVM.
(*Les astres ont conduit les Mages vers le Christ*).

et à droite :

CHRISTI | CRVX DVCET | MAGOS AD | ASTRA.
(*La croix du Christ conduira les Mages vers les astres*).

Il ne peut nous venir à la pensée d'affirmer que les devises relevées ici, et autres inscriptions analogues, aient exclusivement été tracées par des mains huguenotes. Plusieurs précèdent, par leur date, la constitution officielle du culte Réformé. Mais n'est-on pas fondé à prétendre qu'elles furent l'œuvre d'esprits éclairés et libéraux, entraînés par ce désir de renaissance et de nouveauté qui, dans le domaine religieux — comme aussi dans la littérature et les arts, — recherchait si ardemment les bonnes traditions primitives, et que l'on pourrait dénommer *la Réforme avant la lettre*?

### III. — Habitations pourvues d'inscriptions multiples

Dans cette période de transition, qui élabore les doctrines et prépare les formules du dogme rénové, nous trouvons fréquemment, sur le même édifice, des inscriptions multiples, qui mêlent le profane au sacré, et font se coudoyer Homère et Sophocle avec les Prophètes, Virgile et Horace avec les Évangélistes.

C'est ainsi qu'au château de Dampierre-sur-Boutonne (Charente-Inférieure), bâti aux environs de 1535 on ne sait trop par qui, peut-être par Claude de Clermont[3], gentilhomme de la Chambre du roi, de nombreux cartouches ornent le pla-

---

1. Où les protestants de cette ville s'assemblaient pour célébrer leur culte, en février 1583 (d'après les registres de baptême *Réd.*).
2. Louis Audiat, *Epigraphie santone*, p. 285.
3. Voy. *Epigraphie santone*, p. 225 et suiv.

fond d'une galerie, et leurs illustrations sont commentées par des citations, la plupart en langue latine, empruntées aux textes les plus divers.

La Bible y fournit son contingent :

NVC SCIO VERE.
(*Maintenant je sais vraiment.* — Actes, XII, 2).

MODICE FIDEI QVARE DVBISTATI.
(*Homme de peu de foi, pourquoi as-tu douté ?* — Math., XIV, 31).

SIC LVCEAT LVX VESTRA.
(*Qu'ainsi votre lumière luise devant les hommes.* — Math., V, 16).

LVX IN TENEBRAS LVCET.
(*Et la lumière luit dans les ténèbres.* — Saint Jean, I, 5).

PERCVTIAM ET SANABO.
(*Je frapperai et je guérirai.* — Deutér., XXXII, 39).

Sur une planche, on lit :

FACTORVM CLARITAS FORTIS ANIMVS SECVNDVS FAMÆ SINE
VILLA FINE CVRSVS MODICÆ OPES BENE PARTÆ
INNOCENTER AMPLIFICATE SEMPER HABITÆ MVNERA DEI SVNT
EXTRA INIVRIAS POSITA ÆTERNVM ORNAMVNTO ET EXEMPLO
APVD SVOS FVTVRA.

(*D'illustres actions, la grandeur d'âme, une heureuse renommée qui ne finit pas, une modeste aisance bien acquise, honnêtement accrue et toujours regardée comme un présent de Dieu, voilà ce que ne peuvent atteindre les injustices, et qui est éternellement, pour la famille, une gloire et un exemple*).

Le château d'Usson [1] était particulièrement bavard. C'est presque par centaines que se chiffrent ses inscriptions. Récemment démoli, il a été, en quelque sorte transporté et réédifié, par les soins de M. Aigretcaux, à cinq ou six kilomètres de distance, sur la colline qui domine la gare de Pons (Charente-Inférieure). Il avait été bâti, vers 1540, par la famille Rabaine d'Usson, qui embrassa la Réforme aux environs de 1560 [2].

Voici d'abord des textes latins de l'Ecriture :

INITIVM PECCATI SVPERBIA. ECCE 10ME.
(*Le principe du péché, c'est l'orgueil.* — Ecclésiastique, X, 15).

---

1. *Epigraphie santone*, pp. 237-249.
2. Voy. Crottet, *Histoire des Églises réformées de Pons, Gemozac...*, p. 85.

FESTINA TEMPVS ET MEMENTO FINIS. ECCE 36ME.
(*Hâtez le temps, et souvenez-vous de la fin.* — Ecclésiastique, XXXVI, 10).

SPES · IMPII · TANQVAM · LANVGO · EST · QVE·A· VENTO · TOLLITVR. — SAP · S.
(*L'espoir de l'impie est comme un flocon de laine que le vent emporte.*)
(Livre de la Sagesse, V, 15. — Prov., XI, 7; Ps., I, 4).

COGITATIO STVLTI PECCATVM. PRO.
(*La pensée de l'insensé est le péché.* — Prov., XXIV, 9).

ADEAMVS C | VM FIDVCIA | AD THRONVM | GRATIE EIV | S
VT M̄IAM C | ŌSEQVAMVR E | T GRAZ INVENI | AM· IN
AVXI | LIO OPPORT | VNO HEBR. 4.

(*Allons nous présenter avec confiance devant le trône de la grâce, afin d'y recevoir miséricorde et d'y trouver le secours de sa grâce dans nos besoins.* — Hebr., IV, 16).

INTRA · IN · GAVDIVM · DMINI.
(*Entre dans la joie de ton Seigneur.* — Math., XV).

ANTE QVAM LOQVARIS DISCE.
(*Avant de parler, apprends.* — Eccl., XVIII, 19).

PROVERBIVM 13 | QVI CVSTODIT O | S SVVM
CVSTOD | IT ANIMAM SVAM.
(*Qui garde sa bouche garde son âme.* — Prov., XIII, 3).

Puis vient une série d'apophtegmes :

LOQVACI NE CREDAS.
(*N'ajoute pas foi aux paroles du bavard*).

CITO NE CREDAS.
(*Ne crois pas trop vite*).

LINGVAM CŌHIBE.
(*Retiens ta langue*).

AVDI MVLTVM. LOQVERE PAVCA.
(*Écoute beaucoup, parle peu*).

PRIVS QVAM LOQVARIS DISCE.
(*Apprends avant de parler*).

ODIO NE INDVLGEAS.
(*Ne t'abandonne pas à la haine*).

NE MALE DICAS.
(*Ne médis jamais*).

RESPICE FINEM (au-dessus d'ossements figurés).
(*Songe à ta fin*).

DEVM TIME ET | MANDATA EIVS | OBSERVA.
(*Crains Dieu et observe ses commandements*).

Trois inscriptions seulement sont en français :

TREMBLE PECHEVR, DIEV TE REGARDE

MIEVLX | VAVLT | SERVIR | DIEV | QVE | LE MOD | E
CAR DE D | IEV TOVT BIEN | HABONDE
M | YEVLX VAVLT | FAIRE PENI | TENCE
QVATEN | DRE DE D | IEV LA SE | NTENCE.

BIEN DVNG CHESCVN EN TO | VS LIEVX ON DOIBT DIRE
SA | NS MAL DAVLTRVY IMPRVDE | MMENT PARLER
CAR QVI VOV | LDRA DE SON PROCHEN MES | DIRE
LON MESDIRA DE | LVY AV LONG ALLER.

Une maison de la rue du Moulin-à-Vent (n° 17), à Poitiers, où l'on accède par un couloir, et qui porte la date de 1587, possède sur sa façade principale les inscriptions suivantes, gravées au-dessus des portes et fenêtres des divers étages :

PAIX · SOIT · CEAN ·
NE · IVRE · | · POINT ·
RIEN · SANS · PEINE ·
PORTE · HONNEVR · AV · PRINCE ·
SVR · TOVTES · CHOSES · | HONORE · DIEV ·
PREN · EN · GRE · CE · QVE · TV · AS ·
NAPPETE · POINT · CE · QVI · NE · | SE · PEVT · FAIRE ·
PORTE · REVERENCE · A · VNG · HOMME · | ANCIEN ·
PENSE · A · LA · FIN · DE · LA · VIE ·
V · H.     M · P.
1587

La façade de la maison n° 1 de la rue Venette, à La Rochelle, est ornée de six personnages revêtus du costume traditionnel des médecins. Ce sont : Avicenne, Hippocrate, Galien, Messué, Gordon et Fernel. Entre les statues, de grandeur naturelle, des cartouches contiennent des textes bibliques en latin. L'édifice, dont M. de Richemond[1] fait remonter la construction « à l'époque de Henri IV ou du commencement de Louis XIII », fut habité par le médecin auteur Nicolas Venette (1633-1698), et plus tard par le conventionnel Billaud-Varenne. Il est actuellement occupé par la Loge maçonnique. — Nous y avons relevé, en suivant l'ordre des cartouches, les inscriptions suivantes, dont quelques-unes empruntées à l'*Ecclésiastique*, exaltent surtout le médecin et sa science :

1. *La Rochelle et ses environs*, p. 38.

SI · TERRESTRIS · DOMVS · NRA · HVIVS . | HABITATIONIS ·
DIS | SOLVATVR · EX · DEO · HABEMVS · | DOMV̄ · NON · MANVFACTAM ·
SED · ÆTERNĀ · IN · CŒLIS · II CORIN · V · I.

(*Nous savons que si notre demeure terrestre est détruite nous recevrons de Dieu, dans le ciel, une demeure éternelle non faite de main d'homme*).

NON · CORRVPTIBILIBVS · AVRO · VEL · ARGENTO · | REDEMPTI · SVMVS · DE ·
VANA · NOSTRA · CONVER | SATIONE · PATERNÆ · TRADITIONIS · SED · |
PRETIOSO · SANGVINE · CHRISTI AGNI · IM | MACVLATI · ET · INCONTAMINATI ·
I · PETRI 18-19.

(*Sachant que vous n'avez pas été rachetés de la vie frivole de vos pères par l'or ou l'argent, mais par le précieux sang du Christ, l'agneau sans défaut et sans tache*).

DA · LOCV̄ · MEDICO · ET · EV̄ · HONO | RA · NĀ · PROPTER · NECESSITATĒ · |
ILLV̄ · DNS · CREAVIT · ET · NON · | DISCEDAT · A · TE · QVIA · OPERA · |
EIVS · SVNT · NECESSARIA · | ECCL. 38.

(*Reçois et honore le médecin dont tu as besoin, Dieu l'a créé, et qu'il ne s'éloigne pas de toi, car son art t'est nécessaire*. — Ecclésiastique, 38, v. 12).

NON · EST · CENSVS · SVPER | CENSVM · SALVTIS · CORPORIS · |
ET · NON · EST · OBLECTAMENTV̄ · | SVPER · CORDIS · GAVDIVM · |
ECCLES. 30.

(*Il n'y a point de richesses au-dessus de la santé du corps, et de plaisir plus grand que la joie du cœur*. — Ecclésiastique, XXX, 16).

TENE · DISCIPLINAM · | NE · DIMITTAS · EAM · | CVSTODI · ILLAM |
QVIA · IPSA · EST · VITA · TVA · | PROV. IV. 13.

(*Adopte la règle, ne l'abandonne point, garde-la, car c'est ta vie*).

EST · ENIM · TEMPVS | QVANDO · IN · MANVS · | MEDICORVM ·
INCVRRAS. | ECCL. 38.

(*Il est temps que tu te confies aux mains des médecins*).

FILI · IN · TVA · INFIRMITATE | NE · DESPICIAS · MEDICVM . |
ET · IPSE · CVRABIT · TE | ECCL. 38.

(*Mon fils, dans ton infirmité, ne dédaigne pas le médecin, et il te guérira*) [1].

On voit au Musée archéologique de La Rochelle (n° 263 du Catalogue) le plafond d'un porche enlevé, lors d'une reconstruction, à la maison Chartron, située au n° 6 de la rue du

---

1. Des inscriptions qui paraissent être la réminiscence de celles-là ont été gravées, vers 1873, sur une maison du Busseau (Deux-Sèvres), — aujourd'hui maison Béchaud — par les soins du médecin Prével, qui avait,

Minage. Ce plafond est formé de 12 caissons ornés dans le goût de la Renaissance et portant chacun une maxime. Le trait des lettres était rehaussé par une incrustation bitumineuse d'un noir luisant, dont il subsiste quelques rares fragments. Plusieurs des inscriptions sont très frustes ; celles des cartouches nos 3, 5, 7 sont devenues absolument indéchiffrables. Voici les autres, en suivant l'ordre de succession des caissons, lesquels sont disposés sur trois rangées de quatre chacune :

```
        A LINDIGENT | SOIT ◊ TA ◊ MAISŌ
        LE ◊ REFVGE ◊ EN | TOVTE ◊ SAISŌ.

        ENDVRER ET NE SO | ZER ◊ PLAINDRE
        EST ◊. SERVITVDE | BIEN ◊ A CRAINDRE.

        A PARLER | TARDIF ◊
        A OVIR | HATIF ◊.

        MIEVLX ◊ VAVLT | AVOIR ◊ SAGESSE
        QVE POSSEDER | RICHESSE ◊.

        OSTEZ ◊ LA | MANGEAILLE
        A QVI NE | TRAVAILLE.

    LE SAGE ◊ EST CŌ | TRAINCT ◊ DENDVRER
    LA ◊ CHOSE ◊ QVIL NE | PEVLT ◊ CHANGER.

        VAINCRE LE MAL | EN BIEN FAISANT ◊
        EST A NOSTRE DIEV | FORT ◊ PLAISANT.

        VERITE ◊ DE TOY | YSSE
        FAISANT ◊ A | TOVS ◊ IVSTICE.

        TEMPERANCE | EN IEVNESSE
        IOYE EN | VIEILLESSE.
```

Dans l'intérieur de cette même maison, gravée et peinte en rouge sur une poutre, se trouvait la superbe inscription

avant de s'établir dans cette localité, longtemps séjourné à La Rochelle. Voici les textes que nous avons lus au Busseau :

```
        DA LOCVM MEDICO ILLVM DEVS CREAV |
                IT ET NON DISCEDAT.
    ATE QVIA OPERA | EIVS SVNT NECESSARIA. ECC. — C. 38, V. 12.
```

(Voir la troisième inscription de la maison de Venette).

```
        DISCIPLINA MEDICI EXALTABIT CAPVT ILLIVS |
    ET IN CONSPECTI MAGNATORVM COLLAVDA | BITVR. ECC. 38. V. 3.
```

*(La science du médecin lui fait lever la tête et le fait admirer parmi les princes).*

suivante, écrite dans une langue d'une sobriété singulièrement énergique[1] :

CVPIDITE · EST · RACINE · DE · TOVX · MAVLX · LAQVELLE · CEVLX ·
QVI · LONT · APETEE · ONT · ERRE · EN · LA · FOY · ET · SE · SONT · IMPVGNEZ ·
A · BEAVCOVP · DE · DOVLEVRS ·
PAR · QVOY · TOY · HOMME · FVY · LA · ET · ENSVY · PLVSTOST ·
IVSTICE · PIETE · FOY · CHARITE · PACIENCE · ET · MENSVETVDE ·
THIMOTEE · VI · 10-11.

Deux maisons du bourg de Marsilly (Charente-Inférieure), sont ornées d'inscriptions dont le caractère huguenot nous semble hors de doute. L'une d'elles, qui appartient à la famille Cherbonneau, montre, dans des cartouches placés au-dessus de fenêtres, les textes que voici :

ESTO · FIDELIS · VSQVE · | AD · MORTEM · ET · DABO ·
TI | BI · CORONAM · VITÆ · APOC.

(Sois fidèle jusqu'à la mort, et je te donnerai la couronne de vie.
Apocal., II, 10).

GRATIA · ENIM · SALVATI · ESTIS · | P · FIDEM · ET ·
HOC · NON · EX · | VOBIS · DEI · ENIM · DONVM · | EST · NON ·
EX · OPERIBVS · VT · | NE · QVIS · GLORIETVR · EPH.

(C'est par la grâce de Dieu que vous êtes sauvés, par la foi, et cela ne vient pas de vous ; c'est un don de Dieu... — Eph., II, 8 et 9).

Dans la cuisine de la même maison, on lisait autrefois[2] :

LOQVIMINI · | VERITATEM · | VNVS · CVISQVE · | CV̄ · PX̄IMO · SVO.

(Que chacun parle à son prochain selon la vérité. — Zacharie, VIII, 16).

Enfin, sur la façade du jardin, sont gravés ces mots :

ATAN · TOI · | A · | LETERNEL.

Le musée de La Rochelle conserve (?) la porte de l'ancien collège, reconstruit en 1566 par le maire Blandin, et dont le caractère demeura nettement huguenot[3] jusqu'à la prise de possession qu'en firent les jésuites après le siège de 1628.

Nous donnons la reproduction d'une eau-forte de M. Cou-

---

1. Cette inscription est aujourd'hui disparue. Nous en devons le texte à l'obligeance de M. de Richemond, archiviste de la Charente-Inférieure, qui eut l'heureuse idée d'en prendre copie au moment de la démolition.
2. Communication de M. de Richemond.
3. Voy. *Bulletin*, année 1890, p. 17 et suivantes : « ...Les professeurs de grec et d'hébreu furent appelés dès 1564 par le consistoire... On y recevait des élèves pour le saint ministère. » Jeanne d'Albret, Condé, Coligny y fondèrent des chaires (M. de Richemond).

neau, adjoint au maire de La Rochelle, qui représente cette porte dans son état actuel [1].

En haut et à droite se trouve une inscription relatant la reconstruction faite par Blandin :

ANNO DOMINI 66Æ | SVPRA MILLESIMVM QVINGENTESIMVM | CLARA PALLADIS | ÆDES PRŒTORIS | IVSSV BLANDINI | INSTAVRATA.
(*L'an du Seigneur 1566 le bel édifice de Minerve fut reconstruit par les ordres du maire Blandin*).

A la suite, et au-dessus du fronton triangulaire, viennent deux inscriptions qui jouent sur les noms du maire et du gouverneur de la ville, Guy de Chabot (*Blandus amando vincit. Virescit viridior viscomæ*), puis la devise du roi Charles IX (*Pietate et justitia*) et une allusion à Minerve, patronne de l'ancien édifice ; enfin vers le milieu, au-dessous des armes de France et au-dessus de celles de la ville, cette devise très fière :

VIR VIRVM ET | CIVITAS SER | VAT CIVITATEM.
(*C'est l'homme qui sauve l'homme, et la cité qui sauve la cité*).

Au milieu du fronton un écusson mutilé est accompagné de la date 1630, époque de la substitution des jésuites au personnel calviniste de l'établissement.

Plus bas, sur quatre lignes, se lisent les textes suivants (la première ligne, en caractères hébraïques, est lisible seulement dans sa partie à droite) :

צַדִּיקְךָ אֶם דְּנתע דְחרה
(*Le Juste vivra par la foi.* — Habacuc, II, 4).

ΜΕΤΑΝΟΗΣΑΤΕ ΚΑΙ ΕΠΙΣΡΕΨΑΤΕ ΠΡΑΞΕΩΝ ΤΩ ΤΡΙΤΩ ΕΓΩ ΕΙΜΙ
(*Repentez-vous et vous convertissez.* — Actes, III, 19).

ΤΟ ΑΛΦΑ ΚΑΙ ΤΟ Ω.
(*Je suis l'alpha et l'oméga.* — Apoc., I, 8.

SAPIENTIA ÆDIFICAVIT DOMVM SVAM DOLAVIT SEPTEM COLVMNAS · PVER · 9.
(*La sagesse s'est construit une demeure, elle a élevé sept colonnes.* — Prov., IX, 1).

---

1. La partie de l'ancien collège où se trouvait cette porte, démolie en 1866, a été reproduite dans une autre eau-forte de M. Couneau.

AVDIENS SAPIENS SAPIENTIOR IN DOMO SINE LABE VITIO QVE CARENTE.
(*Le Sage deviendra plus sage en écoutant dans une maison sans tache et exempte de vices*).

## IV. — Inscription apocalyptique de J. Monoyer

La Réforme peut sans doute revendiquer ce J. Monoyer qui rédigea, en 1551, la curieuse inscription [1] dont voici une lecture :

*S(uivent) les XV S(ignes) moult*
*merveilleux qui précéderont*
*le jugement de Dieu de(s)*
*quels e(st) escript en Apoc(alypse) ou dic(t) (?)*
*La mer s'ellevera, sur tous les mo(nt)s se tiendra*
*La mer dedens la terre entrera, qu'à peine veoir on la pourra*
*Balaines et poissons ap (?) cris, horribles sons.*
*La mer et toute eaue ardra, mettra tous poissons à mor(t)*
*Arbres et herbes sueront, gouetens comme sang seront*
*Arbres, chastealx, maisons, eiglises, tous trébucheront*
*N'y aura pierre dessoubzs le firmament q(ui) ne ce fendra*
*Si tant fort l'aire tramblera que tout homme et bête se mussera*
*Les vens en si grant q(uan)tité s'esleveront que les mons tomberont*
*Les gens qui sessont mussés en terre sero(nt) sous pier(re)*
*Les os des gens seront tous sus les monuments*         J. Monoyer
*Les estoilles planètes chierront enflammées*                1551
*Tous (ceux qui) ce jo(ur seront) vivans mourront, hommes, femmes et enfans*
*Le Ciel et l'aire ardra feu et flames, tout élément consumera*
*Terre et Ciel renovelleront, tous umains ressusciteront*
    *Venite benedicti patris*
    *Mei possidete paratum et*
    *discedite maledicti in*
    *ignem eternum*

(Venez les bénitz de mon Père, Possédez en héritage le royaume qui vous a esté appresté dès la fondation du monde... Départez-vous de moi, mauditz, au feu éternel. — Saint Mathieu, XXV, 34 et 41.)

---

1. Cette inscription, que nous devons à l'inépuisable obligeance de M. de Richemond, se trouve à l'état de copie très soignée dans les manuscrits de la Bibliothèque de La Rochelle (vol. 670 de la *collection manuscrite*, sous la cote 66). Elle a été donnée à la Bibliothèque, sans indication d'origine, par l'archiviste-paléographe Adolphe Bouyer. Elle figure au catalogue sous ce titre : *Fac-similé d'une inscription datée de 1551.*

## V. — A Dieu seul.

L'affirmation du respect divin, sous tous ses aspects, crainte, obéissance, amour, espoir, confiance, éclate dans une multitude d'inscriptions qui, sans revêtir précisément une apparence de controverse agressive, n'ont pas moins l'air d'ériger parfois leur monothéisme exclusif en critique des multiples objets d'adoration des « papistes ».

VN SEVL DIEV TV ADORERAS

dit l'inscription de l'ancien temple de Pierre-Segade (Tarn).
Le sens de l'inscription de Marsilly (Charente-Inférieure) :

SOLI DEO. 1566[1].

est complété et précisé par les deux suivantes :
Celle de la maison Boileau, à la Roche-de-Coivert (Charente-Inférieure).

ΤΩ ΘΕΩ ΜΟΝΩ ΔΟΞΑ[1].
(*A Dieu seul la gloire.* — Tim., I, 17).

et celle du portail de la cour du Petit-Logis de Mosnac (Charente-Inférieure).

M · I · R · 1650 | SOLI DEO | HONOR ET GLORIA [1].

Au-dessus de la porte d'entrée de cette même habitation, on lit la parole de Siméon :

NVNC DIMITIS SERVVM | TVVM DOMINE | SECVNDVM TVVM IN PACE |
(*Maintenant, Seigneur, selon ta promesse, tu laisses ton serviteur aller en paix.* — Luc, II, 29).

## VI. — La crainte de Dieu.

La crainte de Dieu est maintes fois exprimée et glorifiée :
A Taillebourg (Charente-Inférieure), sur une maison où le badigeon cache d'autres inscriptions :

LA SAGESSE DE CE MONDE EST DE COVNGNAISTRE | DIEV[2].

1. *Epigraphie santone*, p. 192.
2. *Id.*, p. 191.

A Chef-Boutonne, sur la façade de la maison Prieur, dite la Grand'Maison :

INITIVM · SAPIENTIÆ · TIMOR · DOMINI. — 1567.

Sur une vaste cheminée de la maison Gijounet (Tarn).

LA CRINTE · DV · SE | GNEVR · EST · LE · COM | MENCEMENT · DE · ES | CIENCE PROVERBS | DE · SALOMON · CH | APITRE · 1; VERSET 7 | 1579[1].

La même pensée est exprimée sur la marque de l'imprimeur Guillaume Huyon, Lyon, 1520. Nous la retrouvons également en tête du *Journal de Paul de Vendée*[2], où elle est précédée de l'invocation huguenote : *Notre aide soit au nom de Dieu, qui a fait le ciel et la terre. Amen.*

### VII. — Amour de Dieu.

L'expression de l'amour du prochain accompagne celle de l'amour de Dieu dans les inscriptions que voici :

AIMONS DIEV SVR | TOVS ET NOVSTRE PROCH | AIN COMME NOVS.

et

IL AYME DIEV DE TOVT SON CŒVR ET SON PROCHAIN COMME LUY-MESME.

qui ont été relevées, la première par le docteur de la Tourette et M. de Louguemar[3] sur une ancienne maison de Templiers à Lavausseau (Vienne) ; la seconde, par le docteur Léo Desaivre sur une cheminée de l'auberge de la Croix, à Champdeniers (Deux-Sèvres).

Ajoutons le texte suivant, relevé à Caen par M. J. Pannier :

TV AIMERAS LE SEIGNEUR TON DIEV.

---

1. Communication de M Ch. Pradel, de Puylaurens.
2. Ce journal historique, commencé en 1611, et qui mentionne un grand nombre de faits relatifs à la Réforme — à laquelle l'auteur appartenait — a été publié dans les *Mémoires de la Société de statistique des Deux-Sèvres*, année 1879.
3. Mémoires des antiquaires de l'ouest, année 1863, p. 352.

En face du port de La Rochelle, chevauchant au-dessus du porche sur les façades des maisons nos 38 et 40 du Cours des Dames, on trouve l'inscription suivante :

```
        S · P · E PITRE      AVX · COHINT ⁿ
     IENS · CHAPITRE · 2Ṫ NVL · OEILE ·
     NAVEV · OREILLE · NA · OVX · ET · NEST
        MONTE · EN · COEVR · DHOMME ·
        CE · QVE · DIEV · HA · PREPARE · A
          CEVLX · QVI · LAIME · ANO 1733.
```

### VIII. — Confiance en la protection de Dieu.

La confiance en Dieu est la force de ceux qui luttent pour leur vie, leurs biens et leur foi.

SI DEVS EST PRO NOBIS QVIS CONTRA NOS,

telle est, en 1566, la devise de l'imprimeur Michel Sonnius. Elle est reproduite sur une pierre placée aujourd'hui[1] au-dessus du portail d'entrée de la maison Robert, à Breuil-Coiffault, commune de Hanc (Deux-Sèvres). La parole de l'apôtre Paul (*Romains*, VIII, 31) se retrouve aussi, sous la forme suivante, à La Pommeraie de Clussais (Deux-Sèvres), maison Bonnel :

I · M · 1662. — SI DIEV | EST | ·POVR | NOVS Q | VI SERA | CONTRE [NOVS].

Elle se lit également, près de La Rochelle, à Lafond[2], et à Laleu (maison Béraud), et aussi, libellée de la manière suivante :

```
        DIE EST AVEC NOVS
        QVI SERA CONTRE NOVS.
```

au-dessus de la porte d'entrée du château de la Bonnelière (Vendée)[3].

1. Cette pierre provient — ainsi que plusieurs autres pourvues d'inscriptions et que l'on trouve, soit dans d'autres habitations de Breuil-Coiffault, soit à Bouin (maison Cruchaudeau) — de la Grand'Maison de Breuil-Coiffault, qui était habitée au xviie siècle par une famille Magot, dont quelques membres au moins appartinrent à la Réforme.
2. Communication de M. de Richemond.
3. *Bullet. prot.*, t. IX, p. 220, d'après Léon Audé (*Annuaire* de la Société d'émulation de la Vendée, 1858).

On lisait autrefois, sur une maison de la rue Martinelle[1], à Rouen, ces deux lignes :

POVR TOVT ESPOIR | :<br>
DIEV A MON AYDE.

Sur la tour Boulaye, à Fontenay-le-Comte, se trouvait, avant la Révolution[2], une inscription faisant connaître que « Ch. Eschallard, sg[r] de la Boulaye, lieutenant pour le Roy, « en cette ville de Fontenay et Bas-Poitou » l'avait fait reconstruire en 1592. L'inscription se terminait par ces mots :

DIEV · ME · SAVRA · DEFFENDRE.

Celui qui éleva la tour de la Borde, commune de Néré (Charente-Inférieure), y fit graver un cartouche exprimant à la fois sa confiance en Dieu et en sa bonne forteresse :

DIEV EST MA GARDE + | ET MA HAVLTE<br>
TOVR | EST LOBIET SVR LEQVEL | IE MASSEVRE[3].

## IX. — Louange à Dieu.

La louange de Dieu est fréquemment répétée :

LOVE DIEV[4].

dit une maison de Saint-Savinien (Charente-Inférieure).

LOVEZ DIEV[4].

dit une autre, de Saintes (Grand'Rue).

A Bel-Air, de Saint-Maixent (Deux-Sèvres), sur une pierre brisée, reléguée aujourd'hui dans le mur d'une cave de la maison Corbin :

GLOIRE · SO[IT A DIEV]<br>
[PA:X] AVX HOMME[S][5].

---

1. Communication de M. Garreta.
2. *Poitou et Vendée*, par B. Fillon, p. 60.
3. Communication de M. Favreau, ancien inspecteur primaire, à Ruffec.
4. *Epigraphie santone*, p. 527.
5. Luc, II, 14.

Une inscription placée à Melle (Deux-Sèvres), sur une maison bordant la route nationale, fournirait au besoin une preuve du dévouement des Réformés à leur roi :

1650. | DIEV | SOIT LOVE. — VIVE | LE ROY[1].

A la Papoterie de la Roussille, près Niort, se lit une très curieuse inscription, sur une pierre provenant d'une construction antérieure, et encastrée dans la façade actuelle :

LOVE SOIT · DIEV · NOSTRE | PERE ET · C · IESVS CHRICT
NOS | TRE SAVVEVR ET M. LE SAINCT ES | PRICT NOSTRE
CONSOLLATEVR ET R | A LA FAVEVR DE TOVS MAIS BON | AMIS
ET ANDESPIT MAIS ELMIS IE | DEMOVRAI ISI. PP. AS.
ON. FAICT | METRE LE SCIZEAV. 1657.

La phrase si bizarrement orthographiée : « A la faveur de « tous mes bons amis et en dépit de mes ennemis, je demeurerai ici », a des allures de : « J'y suis, j'y reste », qui attestent les sentiments de puissante solidarité et d'énergique résistance des Réformés devant les procédés tracassiers, prélude des dragonnades.

Au Bouchet de Pranle (Ardèche), dans une maison qui appartint au père de Marie Durand, la plus éprouvée des prisonnières de la tour de Constance, on lit, au-dessus de la porte cochère :

MISERERE MEI | DOMINE DEVS | 26 MAY 1694.

Et, sur le manteau de la cheminée de la cuisine :

LOVE SOYT DIEV | 1696 | E. D [2].

---

1. Cet attachement au prince, constaté ici par une inscription, attesté d'ailleurs par de nombreux documents historiques, l'est encore par les « prières au Roy » conservées dans les formulaires imprimés de toutes les époques. Le culte le plus intime, le culte domestique, ne l'exclut même pas aux époques de luttes ou de persécution. Dans le *Journal de la famille Desayvre* (1550-1662), documend inédit qui appartient à la Bibliothèque de la Société des antiquaires de l'ouest, de Poitiers, nous trouvons une prière faite par un Desayvre pour l'usage quotidien de la famille et où il est dit : « Bény le roy que tu as estably sur nous, sa postérité royale et son conseil ». — La famille Desayvre, originaire de Breuil-Barret (Vendée), appartint longtemps — du moins par quelques-unes de ses branches — au protestantisme.

2. Voy. *Biographie de Marie Durand*, par D. Benoit, pp. 11-12.

## X. — Espoir en Dieu.

L'espoir en Dieu inspira souvent le ciseau des graveurs huguenots.

La maison Verger, située proche du magnifique château de Coulonges (Deux-Sèvres), conserve sur sa façade un cartouche orné sur lequel on lit :

QVICONQVE · ESPERE · AV | DIEV VIVANT IAMAIS NE PE | RIRA
PS. XXX4 [1].

Au château de Bloué, commune d'Ardin (Deux-Sèvres), actuellement transformé en ferme, on lit, au-dessus d'un portail orné d'un fronton triangulaire :

QVICONQVE A EN DIEV ESPERANSSE IAMAIS NE PERIR
CHARLE DESPREZ|ANNE DABILLON ONT FAIT FAIRE CE PORTAL. — 1641.

A Saint-Pompain (Deux-Sèvres), sur le linteau de la porte du vieux moulin à vent des Moulières, propriété de la famille de Brach, on voit une suite d'inscriptions :

QVICONQVE A EN DIEV ES
PERANSE : IAMAIS : NE PERIRA [2]
DIEV TE ✝ REGARDE
PECH IHS EVR
MICHEL CAR · C BOVTIN 1683
PASE MAL | FESANT.
(*Passe malfaisant*).

La dernière partie de ces inscriptions a été gravée au couteau et paraît de date plus récente que le commencement. Il existe d'ailleurs autour de l'édifice à demi-ruiné de nombreux grafites tendant à reproduire l'inscription principale et donnant des noms et des dates du XVIIe et du XVIIIe siècle.

---

1. Cette inscription a déjà été publiée par le *Bulletin de l'Histoire du Protestantisme* (t. X, p. 4). Feu Prével, qui la lui avait communiquée, avait cru voir le millésisme 1554, là où se trouve réellement la mention :
PS. XXX4.

2. Jean, III, 15.

Sur une maison, à Saint-Mihiel (Meuse)[1], on lit :

> HEVREVX QVI MET EN DIEV SON ESPERANCE
> ET QVI LINVOCQVE EN SA PROSPERITE
> AVTTAN OV PLVS QVEN SON ADVERSITE
> ET NE SE FIE EN HVMAINE ASSVRANCE.
> 1606.

Sur une pierre de provenance inconnue, déposée dans l'hôtel de ville de Cognac (Charente-Inférieure)[2] :

> AYES · POVR · HAL | ECRET · LA · FOY · ET C | HARITE · ESAYE · 59 · C | ET
> POVR · HEAVME · LE | SPERANCE · DE · SA | LVT · EPHESE · C · 6.

Sur une gourde de faïence d'Antoine Sigalon[3], potier de terre huguenot, mort à Nîmes vers 1589 :

> SEIGNEVR IL ESPERE EN TOY.

Une assiette du même artiste porte la variante :

> SEIGNEVR NOVS AVONS ESPERE EN TOY.

On a récemment placé au-dessus de l'entrée du musée de Saintes, une inscription que M. le pasteur Roufineau vit en place, il y a près de quarante ans, sur la porte d'un jardin longeant le chemin devenu depuis rue de la Boule. On y lisait alors facilement le texte du premier verset du psaume XLII :

> SICVT DESIDERAT CERVVS AD FONTES AQVORVM :
> ITA DESIDERAT ANIMA MEA AD TE DEVS. — 1676.

*(Comme le cerf brame après des eaux courantes, ainsi mon âme soupire après toi, ô Dieu.)*

---

1. Communication de M. le pasteur Dannreuther, de Bar-le-Duc. — « Il y eut un mouvement protestant très important à Saint-Mihiel et plusieurs familles étaient encore Réformées en 1606. »

2. *Epigraphie santone*, p. 197. A rapprocher de la marque de l'imprimeur Jaquy (1562), citée plus haut.

3. Sigalon est mentionné en qualité de « dizenier » en 1560 dans les registres du consistoire de Nîmes ; en janvier 1584 il est « surveillant de quartier ». L'assiette citée plus bas atteignit, dans une vente publique faite en 1889, le prix de 3,500 francs. (Communication de M. le pasteur Dardier.)

Cette inscription, aujourd'hui très fruste, est accompagnée d'une fontaine ayant, à droite, un cerf qui boit, à gauche, un autre cerf accourant se désaltérer. — Sur la même pierre ornée se trouvent également un *cœur* et le monogramme I H S[1].

Nous reproduisons ici, quoique ce ne soit pas sa vraie place, l'inscription suivante, qui nous est parvenue tardivement :

```
O QVE BIEN | HEVREVX SONT | CEVX QVI
GARDE | CE QVI EST DROT | ET FONT CE QVI |
EST IVSTE EN TOVT | TEMPS. — PSEAV 106
LA GENERATION DES HOMMES | DROIS
SERA BENITE. — PS. 118.
```

Elle a été relevée par M. N. Weiss, à Sancerre, sur une maison au fond de la cour du n° 11 de la rue Fangeuse.

---

[1]. Ces deux emblèmes étant devenus la propriété exclusive du culte catholique, nous avions, tout d'abord, cru devoir écarter les inscriptions accompagnées du monogramme I H S et du cœur, surmontés ou non d'une croix. Mais des documents nombreux sont venus nous montrer que, au moins jusqu'à la Révocation, ces signes sont demeurés communs aux deux cultes rivaux.

Dans le protestantisme actuel les figurations symboliques sont réduites à bien peu de chose. Mais à l'origine il fut loin d'en aller ainsi. Th. de Bèze, en 1580, publiait à Genève les *Icones* ou *Vrais pourtraits* accompagnés d'une série considérable d'*Emblèmes*. La *croix* surmonta un grand nombre des anciens temples réformés. Le *méreau au berger*, dont le type initial remonte certainement au xvi° ou au xvii° siècle, porte une *croix* à laquelle pend une bannière. Sur la marque typographique des Haultin, si souvent utilisée par les Réformés, la *croix* occupe une place importante.

Quant au sigle I H S, il se trouve, en compagnie de la légende : *Dieu nous soit en ayde*, sur un méreau recueilli à Genève et attribué au culte réformé. Le cachet d'un Meschinet de Richemond, qui était, en 1583, ancien de l'Église de Saintes, porte le monogramme I H S, commenté par ces mots :

IN HOC SIGNO VINCES

Nous trouvons enfin le *cœur*, nimbé de rayons, et comprimé entre deux croix, sur un méreau de Nîmes ; et le méreau du temple de Charenton (1685) dont parle le poète satirique Jean de Rostagny, en sa « 3° rimaille », aurait porté « un cœur soutenu de deux ailes ».

## XI. — La mort chrétienne.

« Mourir en Christ, c'est vivre. » « La mort est la fin et le but de toute créature », écrivait un des membres de la famille Desayvre, dans son *Journal historique*[1] (1550-1662).

Ces mêmes pensées se retrouvent en plusieurs de nos inscriptions :

Au Plessis-Pichet, commune d'Augé (Deux-Sèvres) :

1559 | MOVRIR | POVR | VIVRE[2].

Au Fossé, près de Jonzac (Charente-Inférieure), dans un mur du jardin de la maison Morandière :

ΧΡΙΣΤΟΣ | ΕΜΟΙ ΤΟ ΖΗΝ ΚΑΙ | ΤΟ ΑΠΟΘΑΝΕΙΝ | ΚΕΡΔΟΣ
(*Christ est ma vie, et la mort m'est un gain.* — Philip., I, 21).

Sur une cheminée provenant de l'ancien château de Coulonges-sur-l'Autise, bâti vers 1550 par les d'Estissac, amis de Rabelais, et sympathiques à la Réforme[3] :

NASCENDO QVO[TI]DIE MORIMVR.
(*En naissant, nous mourons chaque jour*).

A Chambron, commune d'Ardin (Deux-Sèvres), dans un hangar de la maison Bourdeau :

SOVVIENS △ TOY △ DE △ MOVRIR | ET SACHES QVE TELLE | TA
VIE TELLE SERA TA FIN.

Sur la pierre formant clé au-dessus de la porte d'entrée d'une cour de ferme, à la Tour-Carrée, près Saint-Maixent (Deux-Sèvres) :

QVE SE[RT 'A VN] HOMME | DE GAGNE[R LE] MONDE |
SIL P[ERD SON ]AME].

---

1. *Loco cit.*
2. A rapprocher de la devise de Paul Rabaut : *Né à pâtir et à mourir.*
3. Cette cheminée se trouve actuellement à Terreneuve, près Fontenay-le-Comte, dans l'habitation de M. de Rochebrune.

A Civray (Vienne), « sur une maison »[1] :

MIEVX · V | AVLT · EN | TRER · P | AVRE | AV · CIEL | QVE · RI | CHE · EN | ENFER.

La porte du pavillon principal du château de Bloué, commune d'Ardin (Deux-Sèvres), dont nous avons déjà parlé, a été conservée intacte. Nous en donnons le dessin, dû au crayon habile de M. Arthur Bouneault, architecte et archéologue. Disposée autour du fronton se lit l'inscription suivante :

QVIL TE SOVVINNE DE LA MORT | TV TE PRPARAS A LA VIE |
EN AIMANT DIEV DE TOVT TON CŒVR ET TON PROCHIN SEN FLATRIE

Au-dessus est gravé une sorte de rébus :

EN (trois larmes) IE CONSIDERE LE (un globe terrestre).
(*En larmes je considère le monde*).

Dans le triangle entouré par la première inscription on lit les noms des époux qui bâtirent, vers 1640, ledit château.

CHARLE | DESPRES ANNE DABIL | LON ONT APVIE CETTE MAISON.

## XII. — Inscriptions domestiques.
### Le manoir éternel. — La porte étroite.

Voici une série d'épigraphes dont l'affinité avec les idées et les mœurs des huguenots est peut-être plus étroitement marquée encore que pour toutes les autres. Ce sont des inscriptions relatives à l'habitation elle-même, qui prie d'entrer par sa « porte étroite » et hospitalière, qui offre la « paix de Dieu » à ses hôtes, mais ne se considère que comme l'humble demeure passagère, et invite à penser à la demeure « meilleure », au « manoir éternel » que Dieu réserve aux seuls justes.

LA PAIX DE DIEV SOIT | SEANS · FAIT LAN | 1585.

dit une inscription de Nieuil-le-Virouil (Charente-Inférieure).

---

1. *Epigraphie du Haut-Poitou*, par de Longuemar, *in* Mémoires de la Société des antiquaires de l'Ouest, année 1863, p. 353.

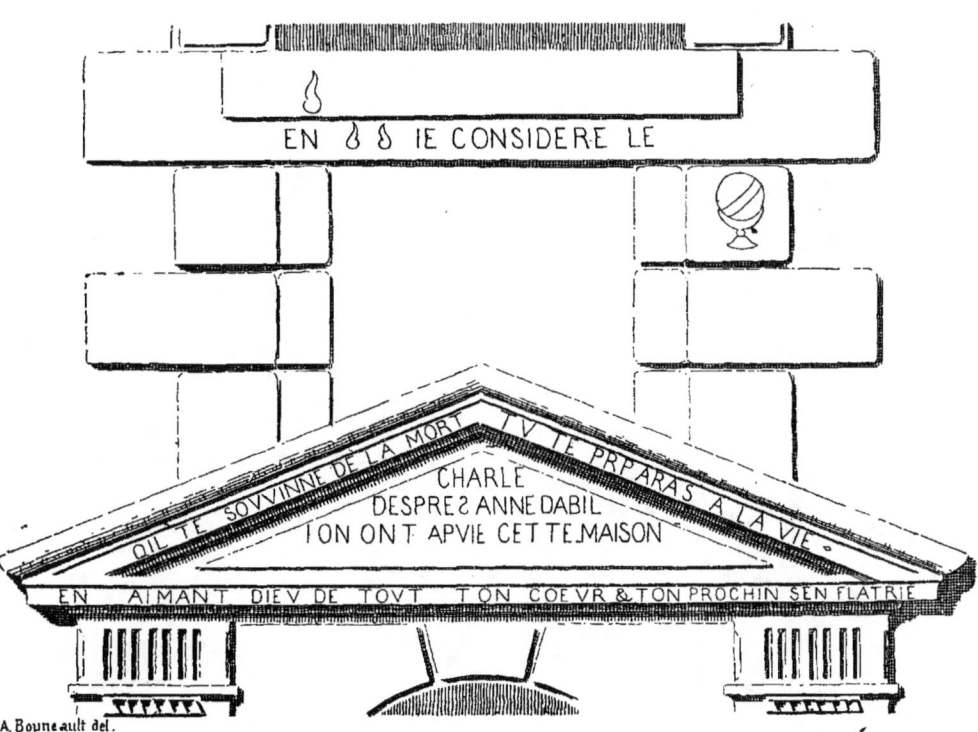

La maison à inscriptions multiples de la rue du Moulin-à-Vent, à Poitiers, porte :

PAIX · SOIT · CEAN[1].

Sur une cheminée de la maison Motheau, à Limort, commune de Clussais (Deux-Sèvres), on lit :

PAIX DE DIEV SOIT ICY. — 1688.

Au-dessus de la porte d'entrée d'une maison située dans la principale rue d'Arvert (Charente-Inférieure), on peut lire ces lignes :

DE NOSTRE DIEV LA BIENHEVREVSE | PAIX |<br>
FERA CEANS SA DEMEVRE A | IAMAIS |<br>
16 BMC 30.

L'inscription de la maison Amalry[2], placée à l'angle des rues Régale et Violette, à Nîmes, appelle, en une invocation poétique, la bénédiction du ciel sur ceux qui l'habitent :

SVB VMBRA ALARVM TVARVM | PROTEGE NOS DOMINE | ET<br>
BENEDIC DOMVM ISTAM ET | OMNES HABITANTE IN EA | MDCCXX<br>
(Sous l'ombre de tes ailes, protège-nous, Seigneur,<br>
et bénis cette demeure, et tous ceux qui l'habitent).

Sur le linteau de la porte d'entrée de l'ancienne maison Teulon, à Bouisse-d'Avèze (Gard), est écrit :

PORTA PATENS ESTO | NVLLI CLAVDARIS HONESTO.<br>
(Porte, sois ouverte : ne te ferme devant aucun honnête homme).

La maison des Challier de Montsouci, à Vaux[3] (Charente-Inférieure), oublie le salut de bienvenue pour tancer vertement ceux qui commettent des péchés de langue :

QVI RIT ET MORD · QVI MEDIT ET RAPPORTE<br>
NENTRE CEANS · IE LVY DEFEN LA PORTE. | 1648. —

Au logis de Repéroux, commune de Germond (Deux-Sèvres), l'inscription domestique va jusqu'à prendre l'apparence d'une formule de conjuration :

NANTRE · PAS · LARRON | 1634 — 7 AOVST[4].

---

1. Dans le canton de Celles (Deux-Sèvres), nous avons entendu certains vieillards très âgés s'annoncer à leur entrée chez leurs hôtes, par la formule : « Paix soit céans », ou « Dieu soit céans ».
2. Communication de M. Dardier.
3. Elle appartient actuellement à M. Garnier, maire de Royan, député, d'origine protestante.
4. Relevé A. Bouneault.

Les constructeurs de maisons reproduisirent fréquemment la pensée exprimée en tête du psaume 127, et lui donnèrent plus d'une fois la forme rimée de la traduction de Théodore de Bèze.

Une habitation à façade de bois, située près des Halles de Saint-Jean d'Angély, renferme les inscriptions suivantes[1] :

ON A BEAV SA MAISON | BATIR SI LE SEIGNEVR | NI MET LA MAIN. —
PARTA LABORE | NON RELICTA | : M : 1 · 5 · 9 · 3.
(*Enfantée avec travail, abandonnée*).

DIEV SOIT LOVE | A IAMES PAR MOI | IEHAN MESNARD | IEVILLET 1600.

A Xanton (Vendée), maison Fillonneau, ayant appartenu, à l'origine, aux de Villardière, on lit au-dessus d'une croisée :

ON A BEAV SA | MAISON BASTIR | SI DIEV NY | MET LA MAIN |
CELA N'EST | QVE BASTIR | EN VAIN | PSEAVME 127 | 1600 |[2].

Même inscription à Marans (Charente-Inférieure), maison Debureau :

ON ◊ A ◊ BEAV ◊ SA ◊ MAISON | BASTIR ◊ SI ◊ LE ◊ SEIGNEVR | NY ◊ MET ◊
LA ◊ MAIN ◊ CELA | NEST ◊ QVE ◊ BASTIR ◊ EN ◊ VAIN | R · DEPECHON ◊
C · CHRISTAIN | 1620.

Au musée de Saintes, sur une pierre de provenance non indiquée :

ON · A BEAV SA MAISON BASTIR SI LE SEIGNEVR NI MEST LA MAIN |
CELA NEST QVE : BASTIR EN VAIN · FAVLT DE DIEV ESPERANCE |
IEHAN REOLLE · S · R · | SVZANE BLANCHART[3].

A Nîmes, maison Albin Michel, 16, rue Dorée (cette inscription, aujourd'hui recouverte d'un enduit épais, a été donnée de mémoire, et notre texte n'est qu'approximatif) :

NVL NE PEVT SA MAISON BASTIR | SI LE SEIGNEVR
NY MET LA MAIN[4].

---

1. *Epigraphie santone*, p. 271.
2. Voy. *Bulletin de l'Histoire du Protestantisme*, année 1862, p. 4. — Nous complétons ici et rectifions la lecture donnée par M. Prével. Celui-ci ne s'était pas borné à la recueillir, il l'avait fait graver au-dessus de la porte de sa maison de Busseau (Deux-Sèvres), sous cette forme :

SI L'ETERNEL NE BATIT | LA MAISON,
CEVX QVI LA BATISSENT Y TRAVAILLE | NT EN VAIN. PS. 127. v. 1.

3. Relevé Bouneault.
4. Communiqué par M. Dardier.

Une pierre sculptée de la collection de M. Paul Cassagnaud, de La Rochelle, porte ces mots :

LHOMME PROIETTE EN VAIN | SI DIEV NY MET LA MAIN[1].

A la Font-de-Cé de Lusignan (Vienne), maison Eprinchard, on lit ces deux inscriptions rimées, qui se font suite, à l'intervalle d'un vers, dans la traduction de ce même psaume 127 :

ON · A · BEAV · SA | MAISON · BAS | TIR · SI · LE | SEIGNEVR · NY | MET
LA · MAIN | CELA · NEST | QVE · BASTIR | EN · VAIN · 1644 | IL · CF

LON · A · BEAV · VEVILLER | ET · GVETTER · SANS · DIEV |
ON · NE · PEVLT · PROFFITER.

Sur cette même maison de Marsilly (Charente-Inférieure), où nous avons déjà relevé le SOLI DEO, accompagné de la date 1566, deux cartouches expriment, en inscriptions rimées, la même pensée d'espoir en un « manoir » céleste et éternel[2] :

CI BAS NAVONS VN | MANOIR ETERNEL |
MAIS EN CERCHONS | VN TOVT SPIRITVEL.

BIEN ASSIS SVIS ET EN BEAV LIEV
MAIS QVOY PASSENS NE SVIS IE LIEV
PASSANT SVBIET A FEV VENT ET TONNERRE
TOMBANT ENFIN EN RVINE ET PAR TERRE.
PAR QVOY DONC SE FAVLT BIEN DONNER GARDE
DE METTRE TANT SON CŒVR ET AFFECTION
ES LOGIS QVI NE SONT DE GRAND GARDE
LAISSANT ARRIERE LA CELESTE MAISON
QVI LA SVS EST AV HAVT CIEL ETERNELLE
TOVIOVRS DVRANT AVSSI PERPETVELLE.

La même pensée, empruntée au chap. XIII, v. 14, de l'Epitre de saint Paul aux Hébreux, avait été déjà exprimée, sous la forme suivante, au-dessus d'un portail, à Montlambert, commune de Lonzac (Charente-Inférieure) :

NON HABEMVS HIC CIVITATEM PERMANENTEM SED
FVTVRAM INQVIRIMVS HEBR · 13 · 1561 [3].
(Nous n'avons pas ici une demeure permanente,
mais nous cherchons celle à venir).

Le constructeur de la maison Ponvert, rue du Palais, à

---

1. *Epigraphie santone*, p. 271, et communication de M. de Richemond.
2. Conf. la première inscription dans la maison Venette :
SI. TERRESTRAS DOMVS, etc.
3. Voy. *Épigraphie santone*, p. 194.

La Rochelle, avait accompagné la date de fondation, 1614, d'une phrase qui peut être interprétée dans le même sens :

EN ATTENDANT VNE MEILLEVRE[1].

(Sans nul doute « une meilleure » demeure dans le ciel.)

On a fait cette remarque que l'habitation huguenote rustique des XVIe et XVIIe siècles était rarement en façade sur la voie publique. L'observation est exacte, mais elle doit être généralisée à toutes les maisons de quelque importance. Il est évident que la demeure du pauvre, installée n'importe où, grossièrement construite de mauvais matériaux, n'a jamais pu avoir qu'une durée éphémère ; mais beaucoup de gentilhommières datant de deux à trois cents ans gardent encore quelques parties intactes ou à peine remaniées. Ce sont elles surtout qui nous ont conservé des inscriptions. Elles sont généralement précédées d'une cour aux murs élevés, où l'on accède par deux baies jumelles : la grande porte cochère, et une petite porte réservée aux piétons.

Cette petite porte donna lieu, par un facile jeu de mots, à l'application du verset 13e du chap. VII de saint Mathieu : « *Entrez par la porte étroite*, etc. »

Sur la devise de l'imprimeur saumurois Portau (1623), que nous avons citée en note, le texte accompagne la figuration d'un *porteau* ou portail flanqué d'une porte peu élevée.

Au Clou-Bouchet, de Niort (maison Frappier), un linteau de fenêtre portant la date 1564 est encastré, ainsi que les pierres ornées portant les deux inscriptions ci-dessous, dans un mur de construction récente bordant le chemin. L'inscription de la « porte étroite » était encore en place il y a une quarantaine d'années, près d'une porte d'entrée qui accompagnait le grand portail maintenant en ruine.

Cartouche de droite :

ENTREZ · PAR · LA | PORTE · ESTROICTE | CAR · LA · LARGE |
MENNE · A · PERDITION | S. MATH · 7 · CH · (verset 13).

---

[1]. Cette inscription est actuellement cachée par l'enseigne en bois d'un magasin.

Cartouche de gauche :

DIEV · MAVLDIT | LA · MAISON · DV | MESCHAṄT · ET · BENIT |
CELLE · DV · IVSTE · PRO ·
3CH (Prov., III, verset 33).

Sur la porte d'une maison que bordent à la fois la rue et la place du Temple, à Briançon (Hautes-Alpes), on lit[1] :

ENTREZ PAR LA PETITE PORTE
CHERCHEZ ET VOVS TROVVEREZ

A Saint-Pompain (Deux-Sèvres), en face du Château, le portail d'entrée de l'immeuble Chiron porte une clef de voûte, *non en place*, sur laquelle est gravée l'inscription :

ANTRE | · PAR LA | PORTE · E | TROITE | LA GRA | NDE · M | ENE · A |
PERDI | TION | FG · GI · 1715 |

### XIII. — La maison de Dieu

La « maison de Dieu », le temple, eut son inscription comme la demeure des simples fidèles. On ne pouvait orner son mur nu de statues idolâtriques ; mais rien n'empêchait d'y graver la parole extraite du Livre où se trouvaient toute la foi, les consolations et les espérances, où tenait la Religion tout entière.

Un bien petit nombre de ces inscriptions ont été conservées ; quelques-unes l'ont été seulement par les procès-verbaux de démolition, comme celle du temple de Bergerac (Dordogne) :

CEST ICI LA PORTE DE LETERNEL · LES IVSTES
Y ENTRERONT · PS · CXVIII, V. 20.

et celle de Civray (Vienne) :

DOMVS MEA DOMVS ORATIONIS VOCABITVR[2].
(*Ma maison sera appelée une maison de prière.*
Esaïe, LVI, 7 et évangiles).

---

1. Voy. *Histoire des protestants du Dauphiné*, par Arnaud, t. II, p. 360.
2. *Histoire des protestants du Poitou*, par Lièvre, t. II, p. 133.

Le temple de la Calade, à Nîmes, démoli à la Révocation, portait l'inscription :

> CEST ICI LA MAISON DE DIEV
> CEST ICI LA PORTE DES CIEVX[1].

Le temple actuel de Castelmoron (Lot-et-Garonne) conserve l'inscription suivante, provenant du temple démoli à la Révocation[2] :

> BIENHEVREVX SONT CEVX QVI OYENT LA PAROLE
> DE DIEV ET QVI LA GARDENT.

De l'ancien temple de Pierre-Segade, commune de Viane (Tarn), il reste un fragment de pierre, qui fait aujourd'hui partie du cabinet de M. Pradel, de Puylaurens, avec une inscription que l'on peut restituer ainsi[3] :

> [MAIS]ON · DORAIS
> [ON · VN] SEVL DIEV
> [TV A]DORERAS ET
> [VN] SEVL TV S
> [ERVIRA]S . 1656.

Le pasteur Duvernoy, qui fit, en 1669, construire à Héricourt (Haute-Saône) un temple et une école, fit graver sur la porte de celle-ci ces lignes[4] :

> PSAL · XXXIV, 12 | VENEZ · ENFANS : ESCOVTEZ ·
> MOY | IE · VOVS · ENSEIGNERAY · LA | CRAINTE · DE · LETERNEL.

et sur un tronc, dans le temple :

> DONES AV PAVVRE. 1669.

L'école a été démolie en 1852, mais le tronc existe encore.

Beaucoup de temples de construction récente portent des inscriptions. Nous ne croyons pas devoir les relever ici.

---

1. Ce passage de la Genèse (chap. XXVIII, v. 17) a été reproduit dans une restauration récente de la façade du temple de Niort.
2. Communication de M. Dannreuther.
3. Communication de M. Pradel.
4. *Bulletin*, 1892, p. 437.

## XIV. — Inscriptions sur méreaux, cloches, plaques de foyer, vaisselle, etc.

Avant d'aborder la série des inscriptions qui ont un caractère personnel ou historique, il nous reste à parler de devises, inscriptions ou légendes placées sur des objets de nature diverse : cloches, méreaux, coupes, plats, vitraux, plaques de cheminée, etc.

Nous avons déjà, dans deux publications spéciales, l'une consacrée aux méreaux[1], l'autre aux cloches[2] des protestants, relevé les légendes et inscriptions qui leur sont propres. Nous ne ferons que les rappeler ici succinctement.

Voici pour les méreaux[3] :

PRIEZ DIEV (méreaux de Lezay et La Mothe-St-Héray).

R · G · A · D. — Rendez grâce à Dieu — (Régné, St-Sauvant, Vançais).

NE CRAINS POINT PETIT TROVPEAV, Sᵗ LVC XII, 32 (Églises du Bordelais, de la Saintonge, du Montalbanais, de Saverdun (Ariège).

MES BREBIS ENTENDENT MA VOIX ET ME SVIVENT (Agenais).

MON DIEV, MON VNIQVE SAVVEVR, ECOVTE MOI IE TE PRIE (Jonzac)[4].

CHRIST . EST . LE . PAIN . DE . VIE (Charenton?)

CHRIST, SOLEIL DE IVSTICE (Nîmes).

DIEV NOVS SOIT EN AYDE (jeton trouvé à Genève).

DIEV EST MON REMPART (jeton de la Popelinière).

Les légendes des jetons satiriques et des médailles commémoratives pourraient, à la rigueur, se ranger à cette place.

---

1. *Le Méreau dans les Églises réformées de France*, 1891, 124 pages, 8 planches, Niort, chez Clouzot, éditeur.
2. *Les Cloches protestantes*, in *Bulletin de l'Histoire du protestantisme*, 1891.
3. Nous ne donnons pas les initiales, sigles ou dénominations complètes des Églises inscrits sur les méreaux, mais nous indiquons entre parenthèses les noms des localités ou des régions dont le méreau porte la légende correspondante.
4. C'est, à proprement parler, une prière. Nous ne retrouvons, parmi les inscriptions lapidaires, qu'un petit nombre de formules ayant ce caractère : une inscription de la maison Motheau, à Clussais, que nous donnons

Mais nous avons craint de donner trop d'extension à notre travail en abordant un sujet qui peut aisément fournir à lui seul la matière d'une très intéressante étude.

Nous ne pouvons donner qu'un petit nombre d'inscriptions campanaires anciennes[1].

Cloche de Saint-Just (Charente-Inférieure) :

AV NOM DE DIEV IEHAN FAVRE MA FAICTE
IE SVIS ESTE FAICTE POVR SERVIR A LEGLISE REFORMEE DE SAINCT IVST 1604

Cloche de la Rochelle :

...POVR LE TEMPLE DE LEGLISE REFORMEE DE LA ROCHELLE. LAN MDCXXX.

Cloche de Saint-Hippolyte (Gard) :

IAI ESTE FAITE ET PAIEE PAR MESSIEVRS | DE LA RELIGION P REFORMEE DE SAINCT HIPPOLYTE | POVR SONNER LE PRESCHE LAN 1650 | C. PEIROVS MA FAISTE.

Cloche de Bezaudun (Drôme) :

IAY · ESTE · FONDVE · PAR · PIERRE · METOYER ·
1648 · IE · SVIS · A · LE · P · R · DV · L!EV · DE · BEZAVDVN ·

Cloche de la Baume-Cornillane (Drôme) :

CESTE · CLOCHE · A · ESTE · FAITE · ET · PAYEE · PAR
CEVX · DE · LA · RELIGION · REFORMEE · A · LA ·
BAVLME · CORNILLANE. — ANNEE 1647.

Cloche de Saint-André de Valborgne :

FAICTE AV MOIS DE IVIN 1673 PAR VRBAIN DAGNAC POVR LES HABITANTS DE LA RELIGION PRETENDVE DE SAINT-ANDRE-DE-VALBORGNE ET A LEVRS DEPENS, A LA DILIGENCE DE PIERRE CHABAL, CONSVL, ET DES ANCIENS DV CONSISTOIRE DE LADITE RELIGION.

plus loin, et une autre, de l'ancienne maison Prével, au Busseau (Deux-Sèvres), qui reproduit le commencement du *Pater* en langue bretonne :

HON TAD PEHINI A ZO ENN EN | VOV; DA HANÔ BÉZET MEVLET
(*Notre Père qui es dans les cieux, que ton nom soit loué*).

(C'est, comme toutes celles de la même maison, une inscription moderne [1873], composée par le médecin Prével.)

1. Nous augmenterions inutilement la série par des inscriptions relevées sur des cloches fondues au cours du présent siècle. — Citons toutefois celle du Vigan (1819), qui reproduit le texte biblique suivant :

QUE L'ON DONNE DES LOUANGES A LETERNEL. — PSAUME 66, 1.

Cloche de Corgémont (Jura bernois) :

M · D · LX · M · G · PRIMAT · VERBVM · | DOMINI · MANET ·
IN · ETERNVM | ISAIE XL.
(*La parole de Dieu demeure éternellement.* — Esaie, XL, 8).

Des plaques de foyer en fonte, aux armes de Jehan de Luxembourg, comte de Brienne et de Ligny, décédé en 1576, se trouvent, l'une à Houdelaincourt (Meuse), une autre à Louppy-le-Château (Meuse), une troisième au musée de Bar-le-duc. Elles portent les citations bibliques suivantes[1] :

IESVS-CHRIST · EST · MORT · POVR · NOS · PECHEZ ·
ET RESVCITE · POVR · N̄TRE · IVSTIFICATION. — RŌ · 4 (Romains, IV, 24 et 25).

LES · GENTS · SONT · PARTICIPANT · DE · LA · VIE · ETERNELLE
PAR · LEVANGILLE · //// SIENS · 3 (Ephesiens, III, 6).

TES IVGEMENS · DIEV VERITABLE · BAILLE AV ROY
POVR REGNER · PSAVLME (Ps. LXXII, 1).

Une inscription peinte sur verre (cabinet de M. Schmitt), et provenant de l'imposte d'une fenêtre du premier de la maison Bocquel, 22 rue Sainte-Marthe, à Niort, est ainsi libellée[2] :

EPHE · S · C
CEVLX · LA · QVY · SONT · DE · IESV; CHRIST
ª · LVY · ONT · AMORTI · LEVR · CORS
ET · ONT · CHASSE · LES · VICES · HORS
POᴿ. VIVIFIER ·LEVS · ESEPRIT.

L'encadrement porte des volutes papyracées dans le goût de la seconde moitié du xvɪᵉ siècle; ce qui, avec la langue, date suffisamment cette inscription[3].

---

1. Communication de M. Dannreuther. — La citation du psaume 72 n'existe pas sur l'exemplaire du musée de Bar-le-Duc.

2. C'est peut-être ici le lieu de rappeler le si curieux vitrail de Limoges fait en 1564, et qui représente Jeanne d'Albret prêchant la Réforme aux gens du Limousin. L'artiste catholique a mis au bas du portrait ce distique :

*mal sont les gens endoctrinés*
*quand par femme sont sermonés*

3. Communication de M. Desaivre, in *Bulletin* de la Société de statistique des Deux-Sèvres, t. I, p. 507.

Dans son ouvrage sur *l'Art de la Verrerie*, M. Gerspach cite plusieurs vases et coupes du xvi⁰ siècle ornés d'inscriptions, entre autres (p. 206) un verre sur lequel a été gravée cette phrase :

QVI EN · CHRIST · CROY EST HEVREVX.

Nous avons déjà parlé de la gourde en faïence d'Antoine Sigalon, sur laquelle on lit :

SEIGNEVR · IL ESPERE EN TOY.

et de l'assiette du même potier nîmois, avec la légende :

SEIGNEVR NOVS AVONS ESPERE EN TOY.

En 1862 la *Société des antiquaires de l'Ouest*, de Poitiers, signala et figura dans ses *Bulletins* trois vases en cuivre jaune, de 38 à 40 centimètres de diamètre, dont deux en forme de plat ou de bassin, et l'autre, muni au centre d'une bobèche, ayant servi de plateau de chandelier.

L'un des bassins se trouvait alors dans les archives de la mairie d'Elne (Pyrénées-Orientales); le second, recueilli à Saintes, faisait partie de la collection Gaillard de la Dionnerie, et le plateau de chandelier appartenait aux collections de ladite Société des antiquaires de l'Ouest.

Ces objets portent tous les trois une inscription disposée

en cercle et formée par le groupe de lettres suivant, quatre fois répété :

RAMEWIShNBI[1].

groupe qui fut considéré par un linguiste (l'abbé Michelangelo Lanci) comme un texte de langue hébraïque (ramèhu sche nabi) pouvant se traduire ainsi :

« Célébrez celui qui est prophète. »

Au centre du bassin d'Elne se trouve, accompagné d'une croix où pend une bannière, l'Agneau divin, dont le sang s'écoule dans un calice. A la même place celui de Saintes porte une image au repoussé figurant l'Annonciation, puis, dans un cercle extérieur à celui qui renferme l'inscription hébraïque, les mots suivants, dont le groupe est également répété quatre fois :

AL : ZEIT : GELVEKART.

et que le même linguiste considéra comme un texte arabe (alzeit geluatek arat) pouvant se traduire ainsi : « *Le temps où tu dois paraître est arrivé.* »

Il n'est pas impossible que ces vases, dont le nombre a dû être considérable[2] et l'ornementation variée, mais où l'inscription principale paraît être restée constante, aient eu une origine huguenote, que ces lignes feront peut-être retrouver.

## XV. — Épitaphes.

Les pierres tombales huguenotes antérieures au XIXe siècle sont d'une extrême rareté.

Les cimetières que les consistoires entretenaient à côté de leurs temples partagèrent les tribulations de ceux-ci, et c'est à un concours tout fortuit de circonstances favorables

---

1. Sur tous les vases le quatrième groupe de lettres porte un I en plus et est ainsi orthographié :
RAMIEWIShN BI

2. Un autre vase, pareil à celui de Saintes, a été signalé à Corneilla-en-Conflent (Pyrénées-Orientales).

qu'est due la conservation des quelques épitaphes que nous allons reproduire.

La première en date est celle de Catherine de Rivière, épouse de Claude des Salles[1], qui se lisait autrefois dans l'église de Vouthon (Meuse) et qui a été publiée par la *France protestante* (t. V, col. 371).

```
ARRETE TOI PASSANT | CONTEMPLE CETTE LAME
QVI TASSVRE QVE COMME | LA GIROVETTE AV VENT
DE CE MONDAIN MANOIR | LE COVRS EST INCONSTANT
PVISQV'INDIFFEREMMENT | DE GRAND SEIGNEVR OV DAME
COMME DV PEVPLE BAS | LA MORT SEPARE LAME
PAR LE VOVLOIR SECRET | DVN DIEV ALTITONNANT
DAVEC LE CORPS SVIET | A DES MAVX TANT ET TANT
PAR LE PECHE PREMIER | DADAM AVEC SA FEMME
CAR ICI GIST LE CORPS | DVNE DAME DE NOM
QVI TANT QVELLE A VECV | DES VERTVS DV RENOM
DE LA FOY A SVIVI | LA TRACE REMARQVABLE
DE SES PREDECESSEVRS | DVN SAINT ZELE ET NON FEINT
OR AYANT TOVT AV PLVS | VINGT ET SEPT ANS ATTEINT
LETERNEL LA ADMIS | AV REPOS PERDVRABLE
ET MOVRVT | LE 15 FEVRIER 1583.
```

Peut-être faut-il voir dans l'épitaphe du prévôt catholique Nicolas Chapelier, enterré vers 1570 dans l'église de Gerbeviller (Meurthe-et-Moselle) des traces d'inspiration protestante. Ory du Châtelet, son « dernier maistre », qui paraît être l'auteur de l'inscription, appartenait, en effet, à la religion réformée (V. *France protestante*).

```
IE QVI CI DESSOVS REPOSE [2]
LE PROVOST NICOLAS CHAPELIER
A TOVS VIVANS IE PROPOSE
SOIT NOBLE, MARCHANT OV[RIER]...
QVIL FAVT SVIVRE LE SENTIER
DE MORT AFIN DE PARVENIR
A IESVS LA VRAYE VERITE
LE SEVL CHEMIN QVIL FAVT TENIR
POVR SALVT ET FELICITE
BON SERVITEVR IE SVIS ESTE
PAR SOIXANTE ANS EN CE LIEV CI
```

1. La famille des Salles, originaire de Béarn, établie au xv⁰ siècle dans le Barrois et la Champagne, portait comme armes : d'argent à la tour donjonnée de sable, et la devise :
LA TOUR DV SEIGNEVR EST MA FORTERESSE.
2. Cette épitaphe est citée d'après Lepage, *Communes de la Meurthe*, t. I, p. 411. Nous la devons, ainsi que la précédente, à une communication de M. Dannreuther, pasteur à Bar-le-Duc.

ET TEL QVE MONT COGNEV ESTRE
MES TROIS SEIGNEVRS DESQVELS ORRI
DV CHATELLET MON DERNIER MAISTRE
A COMMANDE ICI ME METTRE
ET IOVISSANT DES BIENS DV TRES HAVLT
SA PARTIE ET MA MAITRESSE
ISSVE DV TRONQ DE SCEPEAVLX
POVR MA VERTV ET ADRESSE
NE VEVLT QVE MON RENOM CESSE.

Une inscription funéraire de 1592, relevée par M. Cerisier dans l'église de Jouarre (Seine-et-Marne) et publiée par le journal le *Christianisme au XIX° siècle*, du 20 octobre 1892, à titre d'épitaphe protestante, a, en effet, une allure huguenote incontestable :

LE TRAVAIL DE MA IEVNESSE
VA TALONNANT MA VIEILLESSE
POVR SORTIR DE CES BAS LIEVX
MON DIEV TA MAIN CHARITABLE
ME SOIT ENFIN SECOVRABLE
FERMANT LE CIL DE MES YEVX

MOY QVAY SOULAGE TANT DHOMMES [1]
DEDANS CE SIECLE OV NOVS SOMMES
VIVANT PRESSE DES DOVLEVRS
FAIS QVE PAR TA SAINTE GRACE
DANS LAVTRE SIECLE IE PASSE
SECOVRV DE TOVT TON BONHEVR.

Le *Journal* de Paul de Vendée[2] donne l'inscription gravée sur la tombe de Mathieu de Vendée (père de Paul), enterré en 1612 dans le cimetière des réformés de Fontenay :

D. O. M.
MATHEVS VENDEVS PIETATE LAVDAVDVS,
FORTITVDINE INSIGNIS, HIC SITVS EST,
QVI CVM OPTIMAM SVÆ ÆTATIS PARTEM
IN BELLICIS EXPEDITIONIBVS CONSVMPSISSET
SIBI QVITEM CVM PVBLICA SALVTI PRÆPARAVIT
TVMVLTVANTE ÆSTV CIVILI REGEM ET
PATRIAM PRO VIRIBVS ET FACVLTATIBVS SVIS
STRENVE AC LIBERALITER DEFENDIT, OB ID
ADMIRANDVS QVOD IN IPSIS THVBARVM
CLANGORIBVS ET FVRIOSI MARTIS HORRENDIS

1. La tradition prétend qu'il s'agit d'un chirurgien. — Le tutoiement de la Divinité est bien dans la note protestante.
2. Le *Journal* de Paul de Vendée [seigneur de Vendée, paroisse de Foussais (Vendée) dont le mariage avec Françoise d'Appelvoizin fut célébré par le ministre Thomson, de la Châtaigneraie], a été publié dans les *Mémoires* de la Société de statistique des Deux-Sèvres, année 1879.

FRAGORIBVS NVMQVAM ANIMVM A PIIS
CHRISTIANIS |EXERCITATIONIBVS AVOCAVIT;
SIBI FAMAM PERENNEM, SVIS SPLENDOREM
ADOPTVS EST. VIXIT ANNOS LXIII. PERRETTA
GOGVETA VXOR AMANTISSIMA, PAVLVS,
MARIA ET MARGVERITA VENDEI SVPERSTITES
LIBERI.
      M M P P.

(*A Dieu, très bon, très grand.*

*Ici repose Mathieu de Vendée, d'une piété digne d'éloges, remarquable par son courage ; qui, au milieu de ses occupations guerrières, sut travailler à son salut en même temps qu'au salut public, au service de son roi et de son pays ; digne d'admiration pour ce fait que, au milieu des clameurs des trompettes et des horribles fracas de Mars déchaîné, il n'a jamais détourné son esprit des pieuses pratiques chrétiennes ; il a acquis pour son compte une renommée impérissable et de la gloire pour sa race. Il a vécu 63 ans. Perette Goguet fut son épouse très chérie ; Paul, Marie et Marguerite, ses enfants survivants*).

Des fouilles pratiquées il y a une vingtaine d'années autour de l'église Saint-Pierre de Melle, qui fut au xviie siècle affectée au culte réformé, mirent au jour la pierre tombale de Catherine Bardon, épouse d'Adam Defontaine, docteur en médecine, mère de Joseph Defontaine, conseiller du roi Henri IV, et ancien de l'Église réformée de Melle. On y lisait [1] :

SCIRE · IO · SI · VOLTIS | VIATORES | CORPVS · CLARIS · DOM | CATHARI
BARDON | CLARIS · VIRI · ADAMI · | FONTANI | CONIVNX · ET | REQVISCIT · |
OBIIT · NON · AVGVST · | ANNO · D̄NI · 1603 | NATA · ANN · 85 | CLARIS · MATRI ·
MEMO · | HVNC · TVMVLV̄ · | EREXIT · I · FONTANVS | ILLVST · PRINC · HENR ·
BORBO · CONSI · ABITE.

*Si vous voulez le savoir, voyageurs, le corps de très illustre dame Catherine Bardon, épouse de très illustre homme Adam Defontaine, repose ici. Elle mourut le 9e jour d'août 1603, âgée de 85 ans. Ce monument a été élevé à la mémoire de sa très chère mère par Joseph Fontaine, conseiller de l'illustre prince Henri de Bourbon. — Allez (en paix).*

Jean Casimir d'Ocoy, seigneur huguenot qui décéda vers 1662, avait fait exécuter, de son vivant, pour lui et son épouse, dans sa terre de Saint-Trojan (Charente-Inférieure),

---

1. Voy. *Bulletin* de la Société de statistique des Deux-Sèvres, année 1877, article de M. Desaivre.

une chapelle sépulcrale, récemment retrouvée dans des fouilles. Sur la porte de cette chapelle avait été gravée la belle inscription que voici :

> IAN CASIMIR DOCOYE IANE DE LA ROCHE
> FOVCAVD SON EPOVSE MEDITANS LA MORT
> AV MILIEV DES DELICES DE LA VIE ET LA RE
> GARDANS COME VN PASSAGE A LIMMORTA
> LITE SE SONT EDIFIEZ CE SEPVLCRE POVR TE
> MOIGNAGE DE LEVR PARFAITE AMITIE EN ES
> PERANCE DE LA BIENHEVREVSE RESVRECTIO
> PAR IESVS CHRIST NOTRE SAVVEVR[1].

Pour rencontrer intactes et en place des tombes de réformés français du xviie siècle, il faut surtout chercher par delà la frontière, dans les grandes cités hospitalières des pays protestants, ou même dans les plus modestes Églises du Refuge.

A Saint-Pierre de Genève se trouve le monument funéraire du duc Henri de Rohan[2]. La pierre tombale est formée d'une dalle retournée, sur laquelle se trouvait déjà l'épitaphe d'un prélat, l'évêque Guillaume de Marconey, mort en 1377. — « La ville de Calvin, dit l'historien de Sismondi, qui n'accordait aux morts aucun monument et n'en avait même pas érigé à son réformateur, éleva à Rohan un mausolée dans son principal temple ». Ce mausolée a été restauré et complété par une statue en 1890. Voici l'inscription qu'on y lit :

> HENRICVS ★ ROHANI ★ DVX ★ | HIC ★ IACET ★ |
> MORIOR ★ MORTE ★ IVSTORVM | MDCXXXVIII | SALTEM ★
> PATRIA ★ OSSA ★ MEA | NON ★ HABEBIT.
>
> *(Ci git Henri duc de Rohan. Que je meure de la mort des justes — 1638 — pourtant ma patrie n'aura pas mes os).*

Sur une plaque de bronze placée à côté du chœur dans le

---

1. Voy. *Epigraphie santone*, p. 258.
2. Né à Blain, en Bretagne, le 23 août 1572, Henri de Rohan mourut à Kœnigsfelden, le 13 avril 1638, des suites d'une blessure reçue au combat de Rheinefelden. « Comme capitaine, écrit à son sujet le duc d'Aumale dans son *Histoire des princes de Condé*, nous le croyons supérieur à Coligny; toutes ses campagnes sont des modèles; si les Réformés de France ne pouvaient s'honorer d'avoir donné à leur patrie Turenne et Duquesne, nous dirions qu'il est leur premier homme de guerre. »

temple de Celle [1] (Zell), en Prusse, se lit l'inscription relative à Henri Desmier d'Olbreuse, demi-frère d'Eléonore Desmier d'Olbreuse, la femme de Georges-Guillaume de Brunswick, duc de Zell et Lunebourg :

> *Mortales hic reliquit exuvias*
> *Henricus Desmier*
> *In Pictonibus Bignoni Dominus*
> *Nobil$^{ma}$ inter Santones*
> *Dolbreuse stirpe progenitus*
> *Virtute viro non minus quam genere illustris*
> *Ser$^{mi}$ Georgij Guilelmi*
> *Brunsvic. et Luneb. Ducis*
> *Equestrium excubiarium et cubiculi præfectus*
> *Nisi crescenti gloriæ invidisset fortuna*
> *Bellicæ indolis impulsu ad altiora erat iturus*
> *Sed post Alsaticæ expeditionem e castris huc reversum*
> *In flore ætatis ac spei rapida febris extinxit*
> *Annos natum XXVIII-XIII Kal. Aprilis MDCLXXV.*

(*Ici repose la dépouille mortelle de Henri Desmier, Seigneur de Bignon, en Poitou, issu de la famille d'Olbreuse, très illustre en Saintonge, non moins célèbre par son courage que par sa naissance, chef de la Garde à cheval et de la Chambre du Sérénissime Guillaume, duc de Brunswick et de Lunebourg. — Si la Fortune n'eût été jalouse de sa gloire, il fût arrivé, grâce à son ardeur martiale, aux plus hautes destinées. Mais, au retour de l'expédition d'Alsace, une fièvre rapide l'a enlevé, dans la fleur de la jeunesse et de l'espérance, à l'âge de 28 ans, le 13 des calendes d'avril 1675*).

Benjamin d'Aubéry, seigneur du Maurier, qui fut compagnon d'armes de Henri IV, puis son secrétaire, et remplit les fonctions d'ambassadeur en Hollande de 1613 à 1624, nous a conservé, dans ses *Mémoires* inédits [2], le texte de l'inscription qu'il fit graver, en 1620, sur le couvercle en marbre noir du tombeau de sa femme Marie-Madeleine et de son fils Benjamin [3]. Voici ce texte :

---

1. L'église de Celle, fondée sous le patronage d'Éléonore d'Olbreuse et du duc son mari, eut pour premier pasteur De la Forêt, qui avait été pasteur de Mauzé, en Aunis, jusqu'aux approches de la Révocation. Voy. *Bulletin*, année 1892 et 1893.
2. *In* Bibliothèque de Poitiers, manuscr. n° 250. — Cité dans l'*Histoire du Chatelleraudais*, par l'abbé Lalanne, t. II. p. 324.
3. Marie-Madeleine était décédée à la Haye, le 12 novembre 1620.

DEO. OPT. MAX
ET ÆTE MEM.

*Maria Magdalenæ conjugis rarissimæ,*
*Matris dulcissimæ pijssimæ, vndecim liberorum*
*parentis, quorum nouem vna cum patre superstibus*
*Mœrorem, de se atque desiderium reliquit matronæ*
*ad exemplum natæ cum incomparabili conjugis*
*luctu cui ex ea nihil, nisi morte Doluit iterum*
*de natæ cum Benjamino et Maria primogenitus*
*conditæ ac sitæ in futuræ resurrectionis spem*
*vberrimis Lachrymis. P. C.*

(*A Marie-Madeleine, excellente épouse, la plus douce et la plus pieuse des mères, mère de onze enfants, qui laisse dans l'affliction et le regret neuf d'entre eux encore vivants et leur père. Elle ne causa à son époux de peine que par sa mort, qui vint raviver en lui le deuil récent de Benjamin, et celui de Marie, sa dernière née. Elle a été ensevelie ici, avec d'abondantes larmes, dans l'espérance de la résurrection future*).

Dans l'Ouest, et sans doute en d'autres régions, les Réformés des campagnes établirent fréquemment des cimetières privés, petits enclos plantés ou non de cyprès et bordés de murs, enclavés vers l'orée d'un champ ou d'un verger voisin de la maison d'habitation. Cet usage remonte très probablement aux époques d'insécurité des cimetières consistoriaux. A coup sûr il a pris un développement considérable vers la fin de la période du Désert. Les tombes ont dû toujours y être rares. Aujourd'hui encore elles y font souvent défaut. Celles qu'on y rencontre remontent tout au plus à un demi-siècle de date. Mais là où les tombes protestantes existent, elles sont presque toujours caractérisées par la présence d'un verset biblique, lequel, au mérite de les rattacher plus intimement à la tradition de nos inscriptions huguenotes, joint encore celui de leur épargner la banalité de certaines complimentations, dans le genre de : *Il fut bon père, bon époux,* — *Un ange de plus au Ciel, etc.*

Nous ne pouvons songer à reproduire ici les textes sacrés les plus habituellement gravés sur les tombes protestantes contemporaines : toute la liturgie de la mort y passerait [1].

---

1. Dans les cimetières de localités où le protestantisme est en minorité, il n'est pas rare de trouver une inscription tombale destinée à un réformé,

Nous nous permettrons cependant une exception en faveur de quelques inscriptions qui se trouvent à la Mothe-Saint-Héray (Deux-Sèvres) et dans quelques villages voisins. Le distingué pasteur N. Maillard, qui les rédigea de 1850 à 1870, sut y faire entrer, avec un incontestable bonheur d'expressions, des textes bibliques appropriés aux circonstances relatives à la vie ou à la mort du défunt :

A Exoudun. — *Pour les deux frères Richard.*
ISSUS D'UN MÊME SEIN, NOURRIS D'UN MÊME LAIT,
AU FOYER PATERNEL ILS VÉCURENT ENSEMBLE.
L'UN POUR L'AUTRE, EN LEUR CŒUR, LE MÊME AMOUR BRULAIT,
UN MÊME TOMBEAU LES RASSEMBLE.
PÈRE, MÈRE, QUINZE ANS FUTES DEUX FOIS HEUREUX·
MAIS SI LE CHAGRIN VOUS DÉVORE,
UN DOUX ESPOIR VOUS RESTE ENCORE
EN DIEU, QUE L'AFFLIGÉ JAMAIS EN VAIN N'IMPLORE :
ILS NE REVIENDRONT PAS, MAIS NOUS IRONS VERS EUX.
II, SAMUEL, XII, 23.

A LA MOTHE. — *Pour Adèle Coirault.*
BIEN JEUNE A NOTRE AMOUR RAVIE
JUSQU'AU GRAND JOUR DU RÉVEIL ELLE DORT,
CAR, O JÉSUS, CELUI QUI T'A DONNÉ SA VIE
VIVRA QUAND MÊME IL SERAIT MORT.
JEAN, XI, 25.

A LA MOTHE. — *Pour Marie Canon.*
SEIGNEUR, TA VOLONTÉ NE PEUT ÊTRE ENCHAINÉE,
ET TON AMOUR EST INFINI.
SEIGNEUR, TU NOUS L'AVAIS DONNÉE,
VERS TOI SON AME EST RETOURNÉE...
SEIGNEUR, QUE TON NOM SOIT BÉNI.
JOB, I, 21.

A LA MOTHE. — *Pour Henriette Péchebrin.*
SA VIE AVEC JÉSUS EN TOI S'ÉTAIT CACHÉE.
CROYANTE, ELLE A QUITTÉ CE MONDE SANS EFFORT,
ET, SOUS CETTE PIERRE, COUCHÉE
ELLE N'EST PAS MORTE, ELLE DORT.
COLOSS., III, 3.               MARC., V 39.

A LA MOTHE. — *Pour Marie Pignon.*
HEUREUX CELUI DONT JÉSUS EST LA VIE.
MARIE! ELLE CHERCHA SON CÉLESTE REGARD,
ELLE CHOISIT LA BONNE PART
QUI NE SERA JAMAIS RAVIE.
COLOSS., III, 4. — PHILIPP., I, 21. — LUC, X, 42.

et que le graveur, plus accoutumé aux formules catholiques, a terminée ainsi : *Priez Dieu pour son âme.*

## XVI. — Les guerres de religion. — La Saint-Barthélemy.

Je ne sache pas que personne ait jamais eu la pensée de graver sur les paisibles murs des temples actuels leur histoire, ou plutôt l'indice sommaire des lieux divers qui, avant eux-mêmes, ont reçu dans la suite des temps les assemblées des Réformés : cours, halles, maisons privées, châteaux, temples, construits puis confisqués, démolis, réédifiés pour être démolis encore, tènements mystérieux, vallées discrètes où le culte se tint au Désert, — le tout accompagné de la rapide esquisse des plus gros événements. Ce serait, pour les fidèles, une page très suggestive.

Ce que les Réformés ont négligé de faire, leurs adversaires religieux l'ont en grande partie réalisé depuis longtemps ; et les moindres églises de village, dans les lieux où sévirent les guerres civiles du xvi$^e$ siècle, portent gravée la commémoration des « dévastations huguenotes ».

Bien que ces sortes d'inscriptions ne soient pas dues à la main des Réformés, elles ont trait à leur histoire, et nous croyons utile d'en citer au moins quelques-unes.

Église de Saint-Cyr-en-Talmondais (Vendée)[1] :

> EN LAN 1562 | A LA SVGESTION ET COMMANDEMENT | DVN
> ENNEMY DE N · S · I · C | CESTE EGLISE A ESTE RVYNEE | PAR LES
> HERETIQVES DICELVY LIEV | REPAREE LAN 1612 SVR LORDRE |
> DV REVERAND PERE EN DIEV | A. I. DVPLESSIS DE RICHELIEV
> EVESQVE DE LVÇON...

**Couvent des Carmes de Loudun (Vienne)**[2] :

> LE · XX · IOVR · DE NOVEMBRES
> MILLE · V$^e$ · SOIXANTE · HVICT
> FVT CE COVET MIS EN CEDRES
> PAR LES HVGVENOTZ DESTRVICTS
> H · 3 · R | G. 1577.

(Henricus tertius rex Galliæ, 1577).

---

1. Cette inscription n'existe plus. Elle a été relevée par B. Fillon (*Poitou et Vendée*, Saint-Cyr-en-Talm., p. 18) et par M. de Longuemar, *loco cit.*, p. 313.
2. De Longuemar, *loco cit.*, p. 278 et p. 312.

La pierre qui porte ces lignes se trouve aujourd'hui dans un des piliers de la nef de Saint-Hilaire-du-Martray, à Loudun, et le mur du maître autel de la même église montre une autre inscription indiquant qu'il fut érigé en 1612, par les soins de Louis de Rochechouart, « quarante-quatre ans après la destruction complète par les huguenots. »

Église Saint-Jean, à Fontenay (Vendée)[1] :

EN ; LAN · 1568 | IAY · ESTE · | RVYNEE | ET EN LANNEE · | 1604 · IAY · ESTE · | REEDIFIEE.

Église de Celles-sur-Belle (Deux-Sèvres) :

CONSTRVCTA SVB LVDOVICO XI | DESTRVCTA AB HERETICIS | ANNO 1568. — ANNO 1669 | RESTAVRATA | LEDVC, dit TOSCANE[2].

Église de Prahecq (Deux-Sèvres). — Deux inscriptions :

CE S<sup>t</sup> LIEV RVINE PAR LE FEV ET AVTRES DEMOLITIONS AV GVERRES CIVILES DE LAN 1568, PAR LA FAVEVR ET GRACE DE DIEV A ESTE COMMENCE A REPARER ... LAN 1609.

CETTE · VOVTE · RVINEE · PAR · LES · | GVERRES CIVILES LAN . 1568 · A ES | TE .... (réparée) EN LAN 1683.

Église des Cordeliers, à Poitiers. — Inscription disparue[3] :

CE QVE LA FVREVR DES | GVERRES CIVILES AVAIT RVYNE | EN CE CONVENT ET AVX SEPVLTVRES | DE MESSIRE IEHAN DE ROCHECHOVART. | .... GOVVERNEVR DE LA ROCHELLE ET PAYS DAVLNIS | ... A ESTE RESTABLI | PAR LA PIEVSE LIBERALITE DE | D. IEHANNE DESAVLX DE TAVANNE | VEVFVE DE MESSIRE RENE DE | ROCHECHOVART... 1620.

Fénéry (Deux-Sèvres). — Sur une poutre de la maison Frère, ancien presbytère attenant à l'église :

✠ I · N · DNI · AM[4] · CE · LI(E)V · | (A · ETE · F<sup>t</sup> REBASTIR · P · | MES<sup>re</sup> LOYS . GRIMAVT · PBRE · NATIF · A · LA · CHA | PELLE · EN · CESTE · P<sup>rosse</sup> ✠ | DE CEANS) LEQVEL · AVAIT · ESTE · RVINE · P. LES GVERRES · CIVILES · DE · LAN · 1568 | F<sup>t</sup> LĀ · 1595.

Celle de l'église de Secondigné (Deux-Sèvres), toute

---

1. De Longuemar, *loco cit.*, p. 313.
2. C'est le nom de l'architecte.
3. *In* Manuscrits de Dom Fonteneau. — De Longuemar, *loco cit.*, p. 318.
4. *In nomine Domini*, amen.

récente, a été établie sur des données inexactes (il n'y eut pas de guerre de religion en 1550) :

> HÆ CAMERE AB HÆRETICIS DIRVTA CIRCA 1550
> REÆDIFICATA SVNT 1860[1].

A Archiac (Charente-Inférieure), une pierre d'une maison privée, provenant, dit-on, de la chapelle d'un château voisin, ajoute à la relation des faits un commentaire très éloquent malgré son laconisme :

> EN 1570 IE FVS PAR DES SOLDATS SACCAGEE ET BRVSLEE |
> DEVX ANS APRES IE FVS REEDIFIEE · |
> VIVONS EN PAIX... QVILS NADVIENNENT PLVS.

Le même vœu se retrouve dans une inscription autrefois placée aux moulins de Lacous[2] et relatant un épisode qui précéda de quelques semaines le siège de Saint-Jean-d'Angély par Charles IX [3] :

> LE 29ᵉ IOVR DE SEPTEMBRE 1569 CES MOVLINS ONT ESTE BRVLEZ
> ET RVYNEZ LORSQVE LE ROY CHARLES ASSIEGEA LA VILLE DE SAINT
> IEHAN QVE LE SEIGNEVR DE PILLES[4] ESTOIT GOVVERNEVR DEDANS. |
> DIEU VEVILLE QVIL NADVIENNE PLVS | ILS ONT ESTE REDIFFIEZ
> ET BASTIZ LE 30 AOVST 1602 PAR MARC PEPIN ET FRANCOISE GRELAT
> SA FEMME. LES TOYZOVS ET LES AIGVELINS
> ONT FAIT BASTIR CES MOVLINS[5].

Le musée de la Société des antiquaires de Poitiers possède un tableau peint sur bois représentant le siège de Poitiers par Coligny en 1569. En haut et en bas du panneau se lisent les inscriptions suivantes [6] :

> FIGVRE ET PLAN DE LA VILLE DE POITIERS ASSIEGEE EN 1569
> PAR GASPARD DE COLIGNY ADMIRAL DE FRANCE ESTANT LORS
> MAIRE SIRE IOSEP LE BASCLE : LADITE FIGVRE LEVEE PAR
> COMANDEMENT DE SIRE IEAN PIDOVX MAIRE ET DE NOS SIEVRS LES PAIRS
> ET ESCHEVINS LAN 1619.

1. Relevé A. Bouncault.
2. *Epigraphie santone*, p. 269. La pierre où se trouvait cette inscription fut, il y a peu d'années, transformée en moellons par un intelligent propriétaire.
3. Ce siège dura du 27 octobre au 3 décembre 1569.
4. Armand de Clermont, sieur de Piles, gouverneur de Saint-Jean, était un zélé et vaillant huguenot.
5. Il s'agit évidemment ici des premiers constructeurs. On a pu remarquer qu'un grand nombre d'inscriptions sont suivies des noms ou des initiales des deux conjoints qui ont fait bâtir.
6. De Longuemar, *loco cit.*, p. 283.

HOC ÆTERNITATI CONSECRAT PICTAVIVM IN LAVDEM
DEI OPTIMI MAXIMI VINDICIS SVI. QVA PROPVGNATE
CESSIT INANIS HOSTIVM, OBSIDIO, PER SESQVIS MENSE
AB ANTE IX CAL SEXTIL VSQ AD VII SEPTEB MDLXIX.

    CES PORTAVX DEMOLIS, CES MVRS QVE IE REDRESSE
    SERVENT DE MONVMENT A LA POSTERITE
        DE LA REBELLION ET DE LIMPIETE
    QVI DV PRINCE ET DE DIEV MEPRISA LA HAVTESSE :
    MAIS DV GRAND DIEV LA MAIN IVSTEMENT VENGERESSE
        DESNVA DE POVVOIR SON INFIDELITE.
    ET COMME VN FIER TORRENT DVN ROC EST LIMITE
    IARRESTAY LE DESSEIN DE LA BANDE TRAISTRESSE
    VOILA POVRQVOY I'APPENDS TRES HVMBLEMENT CE VŒV
    A L'IMMORTEL HONNEVR DE CE TOVT PVISSANT DIEV
    QVI FEIT MA SAVVETE LA SAVVETE COMMVNE
    AFIN DE TESMOIGNER QVE PAR SON BON SECOVRS
    DE L'ENNEMY COMMVN I'AI ARRESTE LE COVRS
    ET QV'EN ROMPANT NOS MVRS IL ROMPIT SA FORTVNE.

Après ces souvenirs d'une période de guerres dont les dévastations ruinaient tour à tour la demeure du catholique et celle du huguenot, voici deux intéressantes inscriptions relatives à la Saint-Barthélemy. Elles se lisaient autrefois dans l'Hôtel de ville de Nantes, où Louis Harrouys, sieur de la Semeraye, président de la Chambre des comptes de Bretagne, maire de cette ville en 1623 et 1624, les fit alors peindre sur des panneaux en bois[1] :

En voici le texte, qui peut parfaitement se passer de commentaire :

LAN M. D. LXXII | LE 8ᵉ IOVR DE SEPTEMBRE | LE MAIRE DE NANTES,
LES ESCHEVINS ET LES SVPPOTS DE LA VILLE | AVEC LES IVGES CONSVLS,
REVNIS A LA MAISON COMMVNE | FONT LE SERMENT DE MAINTENIR
CELVI PRECEDEMMENT FAIT DE NE POINT CONTREVENIR | A LEDIT
DE PACIFICATION RENDV EN FAVEVR DES CALVINISTES | ET FONT
DEFENSE AVX HABITANS DE SE PORTER A AVCVN EXCES CONTRE EVX.

A LA MEMOIRE | DE | Mᴱ GVILLAVME HARROVYS, Sᴿ DE LA
SEMERAYE, MAIRE; | MICHEL LE LOVP, Sᴿ DV BREVIL, SOVBS
MAIRE; | PIERRE BILLY, Sᴿ DE LA GREE; IEAN PAVL MAHÉ; |
NICOLAS FIOT, Sᴿ DE LA RIVIERE; IACQVES DAVY; | GILLES
DELAVNAY; IEAN HOVIC; GVILLAVME LE BRET; | IEAN QVANTIN;
GVILLAVME BRETAIGNE; | QVI ONT REFUSE DOBEIR A
LA LETTRE DV DVC DE BOVRBON MONTPENSIER, | DATEE
DE PARIS LE 26 AOVT 1572, ET RECEV LE 8 SEPTEMBRE,
PORTANT INVITATION | DE MASSACRER LES PROTESTANTS.
    AV NOM DES PROTESTANTS DE NANTES[2].

---

1. Voy. *Bulletin*, t. I, p. 59. — Le texte de ces inscriptions, transcrit en 1720 par les soins du maire Gérard Mellier, a été conservé dans les Archives municipales de Nantes.

2. Cette dernière inscription a été reproduite en tête de l'*Histoire ecclé-*

Le siège que soutint l'année suivante la ville de La Rochelle fut comme une revanche victorieuse de la Saint-Barthélemy. La cité huguenote résista glorieusement à tous les assauts de l'armée royale, et ses défenseurs dictèrent les conditions de la paix (24 juin 1573). C'est au chant du psaume LXVIII : « *Que Dieu se montre seulement...* » que les Rochelais marchaient au combat. Les incidents de ce siège mémorable sont narrés dans une inscription contemporaine, gravée sur une plaque de cuivre, et dont le texte, que nous donnons ci-après, a été conservé par l'oratorien Arcère [1] :

*Partie des merveilles de l'heureuse délivrance de l'église de Dieu, recueilli en La Rochelle, lorsqu'elle fut assiégée l'an 1573, pour mémoire à la postérité.*

Les ennemis tâchèrent à la surprendre par une armée de mer dressée à Brouage soubs prétexte d'un voiage lointain et secret, soubs la conduite de M. Strozzi ; l'exécution s'en devoit faire au temps du massacre des chefs et seigneurs de la Religion.

Plus, on s'employa de s'emparer de ceste ville par le moien du seigneur de Biron, on i employa aussi des seigneurs de la relligion pour se servir d'eux.

Enfin, fut assiégée de telle fason que rien ne defailloict de tout ce qui étoit nécessaire à la furie d'un siège, la grandeur, la puissance et force n'y manquoit, le roi commist la conduite de l'armée au roi de Pouloigne, son frère, assisté du roi de Navarre, du prince de Condé et autres princes du sang et autres princes et seigneurs, avec l'élite des plus vaillants capitaines de la France, avec grosse et puissante armée tant par mer que par terre, composée tant de François que d'estrangers, batirent de furie celle ville, tant de cinquante à soixante canons d'une partie desquels le boulet étoit de pesanteur de trente-cinq à quarante livres de balles, donnèrent plusieurs et divers assaux de rage furieux, saisirent les foussés, sapèrent les murailles, firent voler en l'air plusieurs mines au moïen de quoi se préparent grandes brèches, montèrent sur l'un des quevalliers, des

---

*siastique de Bretagne*, de Philippe le Noir, pasteur de Blain, éditée en 1851 par M. Vaurigaud.

1. *Histoire de La Rochelle*, 1756, t. I, pp. 641, 642. — Cette plaque gravée, aujourd'hui perdue, avait été donnée à la ville par Richard des Herbiers, trésorier de France en la généralité de La Rochelle, dont la famille avait appartenu à la religion réformée.

murailles eschallèrent en divers endroits, conspirèrent diverses trahisons, trahitres ne leur défailloient dehors ne dedans.

Quant à ceulx de la ville ayant esté abandonnés d'une partie de la noblesse laschement et même des principaux étoient en petit nombre et gens sans grande authorité, mais le Seigneur les arma de constance et voire jusqu'aux femmes et petits enfants. Les vivres défailloient sur la fin, mais le Seigneur envoya comme une manne à ses enfants extraordinairement et en grande abondance sur le bord et entrée de la mer une espèce de coquillage qu'on nomme sourdons qu'on n'avoit accoustumé de trouver là et qui défaillirent aussi au temps de la paix, la poudre aussi nous defaillant, Dieu prépara passage par le milieu d'une haie de navires de guerre à quelques petits galions, pour nous apporter bled et poudre.

Brief exausant les requêtes et prières des siens, usa de toute faveur pour délivrer son église. A lui seul en soit la gloire éternellement par son fils J. C. Amen.

> Le Seigneur sauva son peuple contre l'effort
> De l'ennemi puissant et fort;
> Sur nos haineux les flots tombèrent,
> Si peu en fust exanté.
> Lors les siens bénirent, louèrent
> Son secours expérimenté
> C'est lui qui trébucher a faict
> Tous ces maux sur nos adversaires,
> Et est venu pour les deffaire.
> Sa faveur de plus l'on a veu,
> Alors de franche volonté
> Fismes sacrifices louables,
> Louant son sainct nom vénérable,
> Qui est tout rempli de bonté.

NOS YEVX LONT VV, ET NOS MAINS LONT TOVCHE
ET NOS CŒVRS [ONT ETE] REMPLIS DADMIRATION.

Assiégée de nouveau en 1628, la ville qu'on appelait le « boulevard des Réformés » fut moins heureuse et dut se rendre. Ce second siège nous a valu une inscription inspirée par un tout autre esprit que celle qu'on vient de lire.

Après sa victoire, Richelieu fonda, à l'entrée du port, près de la digue fameuse qui avait contribué à affamer et à réduire les Rochelais, un couvent et une chapelle, dont il confia la garde à des religieux minimes, qui avaient joué auprès des assiégeants le rôle d'ambulanciers. Sur la porte de la chapelle l'intendant de Demuyn fit placer, en 1675, une plaque de cuivre où se lisait une inscription bien moins destinée, dit l'écrivain catholique Ernest Jourdan[1], « à célébrer le triomphe de Louis XIII, qu'à ajouter encore l'insulte à toutes les vexations qu'il avait fait subir aux protestants rochelais ».

Voici cette inscription, dont le style hyperbolique décèle une haine de sectaire jointe à la platitude du courtisan :

A la gloire de Dieu et de la piété du très chrétien Louis XIII, Roy de France et de Navarre.

Arrêtez-vous, passans, et admirez le trophée de piété et de gloire dont le digne auteur est Louis XIII, qui a soumis La Rochelle Rebelle, insolante, hérétique, à la foy de Dieu et de son église, comme à celle de son sceptre. L'Éminantissime Cardinal duc de Richelieu assista notre invincible monarque de ses conseils et de ses soins dans ce glorieux ouvrage, ayant, par son ordre, fait construire une digue entre les flots de la mer, quy fut le boulevard de Louys le Juste, la barrière de l'Anglais, le lien de la mer, le frein de l'hérésie, la reduction de la ville, et la huitième merveille du monde.

Cette digue avec l'armée navalle ôta aux Anglais le pouvoir et volonté de secourir les rebelles assiégez dont elle terrassa l'orgueil aux pieds de leur Souverain, qu'ils publièrent pour victorieux le 28 d'octobre 1628.

Si les armes de notre glorieux monarque lui ont remis une ville rebelle, la clémence lui acquit un illustre triomphe, donnant la vie à des habitants moribonds, l'aliment à des affaméz, la grâce à des coupables, l'amnistie à des félons, la paix aux révoltez.

Et afin que la mémoire d'une si auguste victoire fut jusqu'à la consommation des siècles, Sa Majesté fit bâtir cette église et couvent dédié à la Reine du Ciel, sous le titre de Notre-Dame de la Victoire, désirant que le lieu qui avoit été le théâtre de ses combats fut la marque éternelle de sa piété, établissant les religieux Minimes de la province de Touraine, recognoissant par cette magnificence les saints offices qu'ils rendirent dans son camp, et leurs assistances aux soldats dans le siége de La Rochelle.

Cet éloge a été apposé à la porte de cette église suivant l'intention de Sa Majesté par l'ordonnance de très noble et illustre sei-

---

1. *Ephémérides*, t. I, p. 412.

gneur de Demuyn et de Courcelles, Conseiller du Roy dans ses Conseils, Intendant général de la justice, police et finances, et armées navales de Sa Majesté en toutes les Costes du Ponent, et Gouvernement de Brouage, La Rochelle et païs d'Aulnis, isles et costes adjacentes, le jour devant les calendes de novembre 1675.

Le couvent des Minimes de la Digue, au moment où éclata la Révolution, n'avait plus pour gardiens qu'un frère lai et un moine; et ce dernier étant mort en 1790, la maison, qui tombait en ruine, fut abandonnée, puis vendue en avril 1791. L'inscription avait d'ailleurs été enlevée le 27 novembre 1757, par suite d'une ordonnance royale où il était dit que : *Sa Ma-« jesté veut et entend que la mémoire en demeure effacée pour « ne plus se ressouvenir que des preuves suivies que lesd. habi-« tants ont données, même avant cette époque, de leur atta-« chement inviolable aux intérêts de l'État.* »

Le texte que nous donnons de l'inscription des Minimes a été conservé par l'effet d'un heureux hasard : le Rochelais Jean Perrey, directeur de la Chambre du commerce et membre du directoire du district de 1791 à 1796, l'avait transcrit en marge d'un exemplaire de l'*Histoire de La Rochelle*, du père Arcère.

### XVII. — Après la Révocation.

La Révocation trouva un écho dans les inscriptions lapidaires.

Celles qu'on peut attribuer à des Réformés persévérant dans leur foi sont empreintes d'une certaine ambiguïté, assez aisément explicable du reste par le fait qu'elles pouvaient servir de base à des dénonciations.

Claude Moré, sieur de Bordelande, qui construisit le château de Charpenaize (commune de Givrezac, Charente-Inférieure), aujourd'hui propriété de M. le D$^r$ Godet, fit graver, au dessous de son nom et de cette date significative : 1694, les « dix commandements ». Le texte reproduit est celui des ouvrages liturgiques alors en usage dans les églises réformées, ce qui nous paraît tout à fait caractéristique.

Voici ce texte, que nous retrouvons, à quelques très légères variantes près, dans les « Tables de la Loy[1] » peintes sur bois, que possède M. Richard, archiviste de la Vienne, et qui proviennent du temple de Saint-Maixent (Deux-Sèvres), démoli à la Révocation :

### LES DIX COMMANDEMENTS DE LA LOY DE DIEV.

Escoute, Israel. Je suis l'Eternel ton Dieu, qui t'ai retiré du païs d'Egipte, de la maison de servitude.

I. Tu n'auras point d'autres dieux devant ma face.

II. Tu ne te feras image taillée ni ressemblance aucune des choses qui sont la haut ès cieux, ni ci-bas en terre, ni es eaux dessous la terre. Tu ne te prosterneras point devant elles et ne les serviras, car je suis l'Éternel ton Dieu, le Dieu fort qui est jaloux, punissant l'iniquité des pères sur les enfants en la troisième et quatrième génération de ceux qui me haïssent et faisant miséricorde en mille générations à ceux qui m'aiment et à ceux qui gardent mes commandements.

III. Tu ne prendras point le nom de l'Éternel, ton Dieu, en vain, car l'Éternel ne tiendra point pour innocent celui qui aura pris son nom en vain.

IV. Aie souvenance du jour du repos pour le sanctifier. Six jours tu travailleras et feras toute ton œuvre, mais le vii$^e$ jour est le repos de l'Eternel ton Dieu. Tu ne feras aucune œuvre en icelui, toi, ni ton fils, ni ta fille, ni ton serviteur, ni ta servante, ni ton bestail, ni l'estranger qui est dedans tes portes. Car en six jours l'Eternel a fait les cieux et la terre et la mer, et tout ce qui est en iceux, et s'est reposé au vii$^e$ jour et a beni et sanctifié.

La deuxième table. — V. Honore ton père et ta mère afain que tes jours soient prolongés sur la terre laquelle l'Eternel ton Dieu te donne.

VI. Tu ne turas point.

VII. Tu ne paillarderas point.

VIII. Tu ne déroberas point.

IX. Tu ne diras point de faux témoignage contre ton prochain.

---

1. Les « Tables de la loy » de l'ancien temple de Saint-Maixent sont peintes en jaune sur fond noir. Le cadre de bois est divisé verticalement par un trait en deux colonnes, dont chacune contient le texte d'une « table ». — Une particularité orthographique mérite peut-être qu'on la signale : la conjonction et est partout écrite e.

X. Tu ne convoiteras point la maison de ton prochain, ni sa fame, ni son serviteur, ni sa servante, ni son bœuf, ni son âne, ni aucune chose qui soit à lui.

Le sommère de toute la loy en St Mathieu c. XXII : tu aimeras le seigneur ton Dieu de tout ton cœur, de toute ton âme et de toute ta pansée. Celui-ci est le premier et le grand commandement, et le second, semblable à icelui est : tu aimeras ton prochain comme toi mesme. De ces commandements dependent toute la loy et les prophètes.

Est-ce un converti sincère, dévoré par le regret d'avoir vécu hors de « la papauté », ou bien un pseudo-catholique qui grave, peu d'années après la Révocation, sur le manteau de sa cheminée (maison Motheau, à Limort, de Clussais, Deux-Sèvres) ce passage de Job (chap. VII, v. 21)?

AMPLIVS · LAVA ME AB INIQVI | TATE MEA ETA PECCATO
MEO MVNDA ME 1688.

(*Lave-moi complètement de mon iniquité, et nettoye-moi de mon peché.*)

A la suite, on voit la phrase déjà connue :

PAIX DE DIEV SOIT ICY.

et, au-dessous, surmontant un cœur, le monogramme I h s

On a vu, par la note qui termine notre chapitre X, ce que nous pensons de ces divers signes. Mais les prit-on pour une marque catholique, on n'en pourrait pas moins admettre que leur auteur a voulu s'en servir dans le but de détourner l'attention, et de dissimuler plus aisément l'origine huguenote des réminiscences dont s'inspirait son ciseau.

L'inscription en caractères hébraïques[1] de la maison Michelin, à Exoudun (Deux-Sèvres), est également d'une interprétation incertaine et délicate.

אָחֵן בָּצְרָבָה בְּרוֹשׁ · — 1689 (?).

Etén Bâarâbâh Berósh.
(*Je mettrai dans la lande le cyprès.* — Esaïe, XLI, 19).

La pierre sur laquelle elle a été gravée est dans un état de

---

1. Voy. *Bulletin* 1888, p. 112. (Nous donnons un fac-similé de cette inscription d'après notre estampage.)

conservation parfaite; la date seule présente des difficultés de lecture. Le chiffre 9 est très certainement le dernier. La figure placée entre le 6 et le 9 a plutôt l'apparence d'un hiéroglyphe intentionnel que d'un chiffre mutilé. Il semble que l'auteur ait tenu à laisser planer un doute sur le millésime de son inscription; ce qui s'accorderait assez bien avec l'opinion plusieurs fois émise que cette inscription est allusive à la situation des Réformés au lendemain de l'édit de Révocation. C'est un fragment du verset 19 du quarante-et-unième cha-

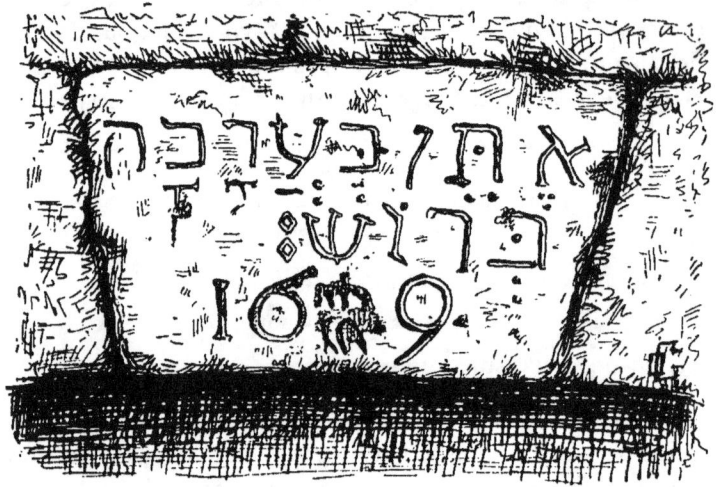

pitre d'Esaïe. Le sens général du contexte donne au passage cité la signification d'une parole d'espérance et de réconfort pour les affligés. L'Éternel, dit le prophète, donnera de l'eau à leur langue desséchée; il fera pousser dans le désert le cèdre, l'olivier et le cyprès, qui leur procureront l'ombrage et la fraîcheur.

Si les Réformés, dans cette période néfaste, ne font plus parler la pierre qu'à demi-mot, il n'en est pas de même de leurs adversaires triomphants : ceux-ci célèbrent hautement « l'extinction de l'hérésie ».

L'église de Chatenet (Charente-Inférieure) garde cette inscription [1] :

ANNO 1686 | EXTINCTA EST HÆRESIS.

1. *Epigraphie santone*, p. 328.

Une pierre du musée de Niort, qui se trouvait encore en place il y a vingt-cinq ans au-dessus de l'entrée principale de l'église Saint-André, consacre le souvenir d'une restauration faite en 1688. L'inscription débute en ces termes[1] :

POST · EXTINCTAM · HÆRESIM · | CALVINI ET LVTHERI, ANNO · 1688 · | EX · ÆRARIO · LVDOVICI · MAGNI | FRANCORVM · REGIS......

La même pensée est exprimée sur un arc de triomphe, à Montpellier[2].

Une inscription de la porte Saint-Denis[3], à Paris, s'exprime en termes analogues :

LVDOVICO · DECIMO · QVARTO | SVPPRESSO · EDICTO · NAMNETENSE......

Il nous reste à parler de modestes grafites, que les historiens du protestantisme ont recueillis avec respect, et qui donnent une douloureuse réplique aux thuriféraires du Roi Soleil.

« Le monument gravé, dit Pierre Desayvre dans son *Journal*[4] est l'objet des passans de loisir ». — Ce ne sont pas des passants, mais des prisonniers, auxquels la persécution royale avait procuré ces loisirs, qui tracèrent, avec leur couteau, avec un clou, une aiguille à tricoter peut-être, les mots d'encouragement, de joie ou de résignation chrétienne de la tour de Constance, de Caen et de Coulonges-les-Royaux.

A Aigues-Mortes (Gard), la tour de Constance reçut, jusqu'en 1768, des prisonnières pour cause de religion. Sur une pierre formant margelle, dans l'intérieur de la prison, une d'elles, Marie Durand[5], selon la tradition, a gravé ce mot :

RECISTEZ.

(*Récistez*, ou, plus probablement, *régistez*, du patois provençal *registas*).

---

1. Voy. *Bulletin* de la Société de statistique des Deux-Sèvres, t. XX (1858-1859), p. 17. — Le *Bulletin protestant* de juillet-août 1868 a publié une lettre de Prével, où cette inscription était notée.
2. Communication de M. Léo Desaivre.
3. *Bulletin protestant*, août 1857, p. 126.
4. *Loco cit.*
5. Voy. *Les Prisonnières de la tour de Constance*, par Charles Sagnier.

Sur le montant d'une fenêtre du couvent des Nouvelles Catholiques, à Caen, couvent d'où s'évadèrent, en 1700, trois huguenotes prisonnières, on lit ce mot, attribué à l'une des fugitives :

SAUVE [1].

Au château de Coulonges-sur-l'Autise (Deux-Sèvres) une vaste salle du premier étage a, sans nul doute, logé des prisonniers. Les larges baies renaissance n'ont jamais été munies de grilles et l'appartement n'est qu'à trois à quatre mètres du sol. Il s'agit évidemment de réclusion accidentelle, et l'on n'a pu emprisonner là que d'inoffensifs religionnaires, des vieillards ou des femmes. Voici l'inscription que nous avons relevée sur l'ébrasement, côté gauche, de la fenêtre placée à l'extrémité nord-est des bâtiments conservés :

POVR LA PRISON QVIL FAVT AVOIR VNE |<br>
GRANDE PATIANSE · DIT COVRSAV · 1719.

Le ton doucement résigné de cette parole nous incline à penser qu'elle émane d'un prisonnier « pour la foy ». Nous n'avons pu jusqu'ici trouver d'écrit constatant d'une manière formelle la détention de Réformés au château de Coulonges-les-Royaux. Mais, à la date indiquée par notre grafite, un converti récent, Chebrou, subdélégué de l'Intendant, se livrait à une ardente chasse aux prêches, lesquels partout recommençaient, à Mougon, Benet, Saint-Maixent, Lusignan, Cherveux, Melle, Niort, sur l'emplacement des temples détruits. Chamilly logea dans les villages suspects des compagnies de dragons. Il y eut maintes arrestations. Un prédicant, Martin, fut pendu à Benet, non loin de Coulonges; un autre, Bureau, « mourut dans les fers, à l'âge de 70 ans, sans avoir été jugé ».

Cette rentrée en scène des « missions bottées » ne fut pas la dernière. A défaut d'autres documents nous en trouverions la preuve dans l'inscription suivante, gravée au couteau sur la face horizontale de l'appui d'une fenêtre de l'ancien hôtel

---

1. Voy. *Bulletin protestant* du 15 octobre 1891, article de M. Weiss.
2. Voy. Lièvre, *Histoire des Réformés du Poitou*, t. II, pp. 258 à 283.

de Saint-Jacques (maison Tascher), à Bagnaux, commune d'Exoudun (Deux-Sèvres).

LAN | 1752 · LES · DRAGONS · | DORLEAN · COMP<sup>NIE</sup> | DE DVLAC ·
LE · 23 7<sup>BRE</sup> · | ONT · ARRIVE · ICY ·

Cette *note* a fort bien pu être écrite par un des dragons de la compagnie Dulac, d'autant qu'il s'agit d'une chambre d'hôtellerie. On sait qu'il était d'usage fréquent, au XVII<sup>e</sup> et au

XVIII<sup>e</sup> siècle, de remédier à l'insuffisance des casernements urbains en disséminant, l'hiver surtout, les troupes dans les grosses bourgades [1]. Cette habitude ne fut pas particulière à la période des dragonnades, mais elle fut mise à profit par les convertisseurs, qui surent habilement la transformer en un système de vexations et de persécutions devenu tristement célèbre. — Les dragons logés à Bagnaux, village qu'un important — mais éméphère — commerce de minoterie

---

1. Ces casernements, même en dehors des temps de persécution religieuse, faisaient la désolation des habitants, alarmés surtout des privautés volontiers prises par la soldatesque. Nous tenons de M. le docteur Léo Desaivre, qui en a recueilli le souvenir dans sa famille, que les villageois, afin d'écarter de chez eux cette gênante cavalerie, construisaient trop bas les portes et les plafonds des écuries, afin d'empêcher ses chevaux d'y pouvoir pénétrer ou séjourner.

avait rendu florissant, n'étaient-ils venus là que pour y prendre leurs quartiers d'hiver?—La chose est possible. Cependant, à cette époque, les « mal convertis » de la région étaient en butte aux tracasseries. M. Lièvre raconte[1] qu' « au « mois d'avril 1751, la maréchaussée, aidée de *cinq compagnies* « *de cavalerie*, mit au pillage cinq ou six maisons du village « de Bagnaux, et répandit, par ses excès, la terreur dans la « paroisse d'Exoudun. Beaucoup d'habitants prirent la fuite « en voyant conduire leurs voisins en prison; l'un ne reparut « plus, un autre n'osa revenir qu'au bout de deux ans; la « plupart couchèrent hors de chez eux pendant trois ou « quatre mois, n'osant aller à foire ni à marché. »

Cet essai d'épigraphie, presque localisé à une partie bien restreinte de la France protestante, est forcément incomplet.

Et cependant, livré à nos seules ressources, nous n'aurions pu lui donner le modeste intérêt qu'il peut présenter. Nous citons, au cours de ce travail, les noms de correspondants qui ont bien voulu nous aider de leurs communications; mais nous devons une mention spéciale de gratitude à feu M. Dardier, de Nîmes, M. Maillard, de Pamproux, M. Léo Desaivre, de Niort, M. de Richemond, de La Rochelle, qui savent, par une bienveillance toujours agissante, doubler le prix de leur érudition. Nous adressons également nos remerciements à M. Arthur Bounault, pour les dessins qu'il a faits à notre intention et pour les précieuses indications qu'il nous a fournies.

En terminant, nous nous permettrons de formuler deux vœux : — d'abord, de voir continuer, pour d'autres régions, ce travail, qui n'a d'autre ambition que d'apporter quelques matériaux à l'œuvre considérable d'une Épigraphie générale de la Réforme; — ensuite, de voir créer un musée huguenot, qui serait le pendant — peut-être même une annexe — de la merveilleuse bibliothèque protestante de la rue des Saints-Pères. Dans ce musée, à côté d'objets ayant servi au culte — chaires portatives du désert, coupes eucharistiques, médailles satiriques ou commémoratives, méreaux de commu-

---

[1]. *Histoire des protestants du Poitou*, t. II, p. 308.

nion, portraits de Réformés célèbres, gravures de temples anciens, photographies de monuments ou de lieux illustrés par quelque scène historique, tableaux inspirés par ces mêmes scènes — nous aimerions à voir figurer les plus caractéristiques de nos vieilles inscriptions, qui y seraient représentées soit par les originaux eux-mêmes, soit par des photographies ou des moulages.

Cette partie du musée constituerait, elle aussi, en même temps qu'un réceptacle de précieux documents, un hommage pieux rendu à la mémoire de nos pères. Car on ne saurait apporter un soin trop jaloux à préserver des ravages des éléments et de l'incurie de propriétaires indifférents ces lignes précieuses, souvent tracées à la hâte par des ciseaux mal exercés, au milieu de la fièvre des controverses, des luttes ou des persécutions, et dont quelques-unes conservent encore, au milieu de nos villages et de nos cités, la profession de foi des ancêtres, fièrement affichée sur la façade de leurs maisons.

Puis, ces paroles de contemporains, toutes figées qu'elles sont sur la pierre fruste, ne forment-elles pas un éloquent plaidoyer en faveur des morts glorieux, morts bien vivants, qui défendirent au prix de leur repos et de leur sang, en même temps que leur foi ardente, la cause sacrée de la concience souveraine et libre ?

Henri Gelin.

# SUPPLÉMENT

Nous n'avions, en publiant nos *Inscriptions huguenotes*, ni la prétention d'être infaillible, ni celle d'être complet.

La presse a bien voulu s'occuper de ce travail, et nous la remercions de sa bienveillance. Un critique, cependant, s'inquiète de savoir où nous trouvons la preuve de l'attribution au protestantisme pour un certain nombre de ces épigraphes.

Nous répondrons que, dans la première partie de notre modeste étude, nous avons recherché l'origine des inscriptions huguenotes dans les devises et maximes que le xvie siècle prodigua un peu partout, au frontispice des livres, autour des blasons, sur les parties les plus diverses des habitations, et nous nous sommes efforcé de montrer que c'est sous l'influence des idées d'où la Réforme elle-même est sortie que ces devises et inscriptions revêtirent un caractère d'abord sentencieux et moral, puis nettement religieux et biblique. Nous faire attribuer au protestantisme, sans doute sur la foi d'un titre général, des choses antérieures à la constitution officielle du culte réformé, c'est nous prêter une inconséquence toute gratuite.

En ce qui concerne la période qui va des premiers synodes nationaux à la Révocation, notre travail n'eût sans doute pu prétendre à une exactitude rigoureusement scientifique que s'il eût été possible de prouver, pièces en mains, et pour chaque inscription, que son auteur était, au moment de sa rédaction, un huguenot authentique. Nous l'avons tenté toutes les fois que la preuve était à notre portée. Mais un très grand nombre d'inscriptions ne sont ni datées, ni accompagnées de noms complets; beaucoup n'occupent plus leur emplacement primitif, et la plupart des monogrammes et des initiales appartiennent à des familles très obscures, qu'il serait impossible presque toujours d'identifier avec certitude, étant donné surtout que la plupart des anciens registres consistoriaux sont détruits, et que beaucoup de familles passèrent fréquemment, par certains de leurs membres, de l'une à l'autre religion.

Il ne restait dès lors, pour nous guider, que le texte même des inscriptions. Or, tous ceux qui se sont occupés de l'épigraphie des xvɪe et xvɪɪe siècles en pays huguenot savent que « les Réformés prodiguaient les textes bibliques, quand ils « ne fabriquaient pas des sentences de leur façon[1] » et reconnaissent aux inscriptions inspirées par la Réforme une « saveur calviniste[2] » toute spéciale.

Dans une période de luttes et de polémiques acharnées, il est assez naturel, alors que les Réformés usent copieusement de textes épigraphiques tirés de la Bible, de voir leurs adversaires religieux s'en abstenir. S'il est à cela des exceptions, elles sont, en tout cas, infiniment rares, et leur existence n'infirmerait en rien les conclusions générales de nos recherches.

Un argument qui, d'ailleurs, domine tout, c'est que les inscriptions bibliques, nées du mouvement d'esprits qui enfanta la Réforme, et répandues à profusion pendant plus d'un siècle, ne se retrouvent que d'une façon tout à fait exceptionnelle après la Révocation.

Ajoutons qu'il convient de se tenir en garde contre des additions et superpositions faites après coup par des mains catholiques, comme au portail d'entrée de l'ancien collège de la Rochelle, au moulin des Moulières de Saint-Pompain, etc.

Ceci dit, nous rectifierons quelques erreurs et apporterons de nouveaux documents.

Commençons par accomplir le sacrifice indispensable de l'inscription attribuée à J. Monoyer, qui figurait — d'une façon dubitative, il est vrai, — au chapitre IV de notre travail. C'est un développement exégétique très librement versifié des derniers versets du chapitre VI de l'Apocalypse. Emprunté aux livres d'Heures des xve et xvɪe siècles, il avait été reproduit dans l'église de Château-Bernard (Charente), où

---

1. *Revue de Saintonge*, t. VII, p. 18.
2. *Idem*, t. VII, p. 19.

MM. Barraud et Sicard parvinrent à le dégager du badigeon et à le déchiffrer au mois de janvier 1861. M. Charles Dangibaud en donna une reproduction autographique. — L'inscription est accompagnée de la signature J. Monoys (et non Monoyer) avec la date 1535 (et non 1555). Le document de la Bibliothèque de la Rochelle, qui nous avait induit en erreur, est simplement donné comme « copie d'une inscription », sans indication d'origine. — Il n'y a évidemment dans tout cela rien de huguenot.

L'inscription de la Barde (et non la Borde), commune de Néré, est devenue à peu près illisible en certaines parties. M. Bafferon, propriétaire de la tour où cette inscription est gravée, en a donné une lecture plus complète et vraisemblablement plus exacte que la nôtre. La voici (c'est la reproduction du deuxième verset du psaume XCI, trad. Marot) :

> DIEV EST MA GARDE SEVRE
> MA HAVLTE TOVR ET | FONDEMENT |
> SVR LEQVEL | IE MASSEVRE
> RENÉ DE LA BARDE | MDXCII

Aux inscriptions relatives à l'amour de Dieu et du prochain (chapitre VII) viennent s'ajouter les suivantes :

> IL AIME DIEV| SVR TOVTES CHOSES
> ET SON PROCHAIN COMME SOY MESME

(Sur la maison n° 65 *bis* de la rue Ganterie, à Rouen. — Communication de M. Garretta.)

> MES ENFANTS VOVS AIMERES
> DIEV DE TOVT VOTRE CŒVR VOTRE
> PROCHAIN COMME VOVS MESME

(Au-dessus de la porte extérieure d'une maison située au Tabarit, commune de Coivert, Charente-Inférieure. V. *Revue de Saintonge*, etc., t. IX, p. 163.)

L'inscription de la rue du Port (entre les deux ponts), à Saint-Jean-d'Angély, peut se ranger dans le chapitre IX. En voici le texte (V. *Revue de Saintonge*, t. XIV, p. 197) :

> TOVIOVRS DANS CE LIEV
> SOIT LOVE DIEV
> PAR C.F. ET I.B.D | CE 25 IVIN 1604

Les deux suivantes entrent dans la catégorie des inscriptions domestiques du chapitre XII :

```
PAX HVIC | DOMVI
```
(*Paix à cette maison*)

(Sur une maison de la rue Notre-Dame, à Saint-Jean-d'Angély. — V. *Revue de Saintonge*, t. IX, p. 197.)

```
DIEV SOIT DED | ANS
AL EST B | ATIE EN DES | PIT DE NOS | ENVIEVX |
LENNEE | 1643
```

(Sur la clef d'une porte cintrée et murée, le long d'un passage en prolongement de la rue du Port, à la Tremblade (Charente-Inférieure). — V. *Revue de Saintonge*, t. VII, p. 19. — Inscription à rapprocher de celles de la rue des Navaux, à Loudun, et de la Papoterie, près Niort.)

```
ON A BEAV SA MAISON BASTIR
SI LE SEIGNEVR NY MET LA MAIN
CELA NEST QVE BASTIR EN VAIN

REMETS EN DIEU ET TOY ET TON AFFAIRE
EN LVY TE FIE ET IL ACCOMPLIRA
CE QVE TV VEVX ACCOMPLIR ET PARFAIRE
```

(Ces deux inscriptions se lisent à Sedan au-dessus de la porte de la maison dite des Gros-Chiens, au n° 2 de la rue Berchet, avec la date 1629. — D'après le journal l'*Église chrétienne*, n° du 27 avril 1894. — La deuxième inscription est tirée du psaume XXXVII, v. 5.)

Voici d'autres inscriptions dont l'origine huguenote nous paraît incontestable :

Au moulin des Bonits, commune d'Arvert (Charente-Inférieure) :

```
NOSTE POIT. | E . BIE . A . QVI . IL . APP | ARTIET.
ESTANT. E. | TA. PVISSANCE. P. 3
```

(*N'ôte point le bien à qui il appartient, étant en ta puissance.* Prov. III 27. — V. *Revue de Saintonge*, t. VII, p. 18.)

A Aulnay (Charente-Inférieure), sur la façade d'une maison contiguë au presbytère (cette inscription, qui reproduit la deuxième partie du huitième verset, chapitre XL d'Isaïe, n'occupe plus sa place primitive. — V. *Revue de Saintonge*, t. IX, p. 161) :

◇ ISAIE ◇<br>
LA PAROLE DE DIEV<br>
DEMEVRE ETERNELLEMENT<br>
CHAPITRE 40<br>
1566

A la Tremblade (Charente-Inférieure) on lisait autrefois sur la façade d'une maison de la rue des Bains (V. *Revue de Saintonge*, t. VII, p. 18) :

ELIE. DEMORTIER.<br>
DIEV . EST . SVR . TOVT

Au-dessus de la porte d'un moulin à vent, à Xaintray (Deux-Sèvres) :

AVREIL | 1578<br>
DE TOVS | TE GARDE |<br>
EN DIEV | TE FIE

Ce texte assez amphigourique paraît recommander à la fois la défiance envers les hommes et l'amour de Dieu.

Rainguet a relevé, dans ses *Études sur Jonzac*, la curieuse épitaphe suivante d'un ancien protestant enterré dans l'église de Plassac (Charente-Inférieure) :

```
TOMBEAV DE DEFVNCT RENE DE CLAVEAV
ESCVYER SIEVR DE LA PLENE DE LA GRANGE

LHERESIE EVT | DONNE LA LOY
A RENE SI LA | VRAYE FOY
NEVT | DOMPTE SON | OVTRECVIDANCE |
MAIS DIEV VOVLOIT QVIL | FVST MENE |
DERECHEF A LA | VRAYE CROYANCE |
AFIN QVIL FVST | VRAIMENT RENE

CY GIST QVY PARMI | LES ALARMES
CEST | ACQVIS LHONEVR | PAR LES ARMES
MAIS | RIEN NE FVT SI | GLORIEVX
QVE | QVAND SE FAISANT | CATHOLIQVE
IL | QVITTA LA BANDE | HERETIQVE
CAR | AINSY IL GAGNA LES CIEVX
```

Quelques lignes en latin ajoutent que René de Claveau mourut le 6 mai 1623, et que le monument funéraire fut élevé par les soins de Marie Bodin, sa femme, et Hélie de Claveau, son fils.

Les strophes pompeuses inscrites sur ce tombeau ont tout l'air de célébrer une de ces conversions *in extremis* dont les auteurs tirent grande vanité. Mais nous voulons surtout en retenir ceci : ce René de Claveau, né catholique, protestant dans la période active de sa vie, décédé catholique, ne donne-t-il pas à la fois un exemple des fréquentes variations de culte dans les familles mal attachées à la Réforme, et une preuve de l'incertitude des attributions qui se baseraient, non sur l'esprit des inscriptions, mais uniquement sur des données plus ou moins incomplètes recueillies sur leurs obscurs auteurs?

H. GELIN.

## CORRECTIONS

*Page 5, ligne 12, lire :* Gabriel, *au lieu de* Général.
*Page 10, ligne 29, lire :* Augereau, *au lieu de* Aigreteaux.
*Page 20, ligne 4, lire :* Maison Bosc, à Gijounet.
*Page 22, ligne 1, lire :* Sur une poutre d'une maison de la rue Martinville (cette inscription est conservée au Musée d'antiquités de Rouen).
*Page 25, ligne 8, lire :* Cognac (Charente).

# TABLE

DES CHAPITRES, DES FIGURES ET DES NOMS DES LOCALITÉS

### 1º CHAPITRES

| | |
|---|---|
| I. — Devises des marques d'imprimeurs. | 2 |
| II. — Devises héraldiques et autres. | 4 |
| III. — Habitations pourvues d'inscriptions multiples. | 9 |
| IV. — Inscription apocalyptique de J. Monoyer. | 18 |
| V. — A Dieu seul. | 19 |
| VI. — La crainte de Dieu. | 19 |
| VII. — Amour de Dieu. | 20 |
| VIII. — Confiance en la protection de Dieu. | 21 |
| IX. — Louange à Dieu. | 22 |
| X. — Espoir en Dieu. | 24 |
| XI. — La mort chrétienne. | 27 |
| XII. — Inscriptions domestiques. — Le Manoir éternel. — La Porte étroite. | 28 |
| XIII. — La maison de Dieu. | 36 |
| XIV. — Inscriptions sur méreaux, cloches, plaques de foyer, vaisselle, etc. | 38 |
| XV. — Épitaphes. | 42 |
| XVI. — Les guerres de religion. La Saint-Barthélemy. | 50 |
| XVII. — Après la Révocation. | 57 |
| Supplément. | 67 |

### 2º FIGURES

| | |
|---|---|
| Porte de l'ancien collège de La Rochelle, par M. Couneau. | 16 |
| Porte principale du logis de Bloué (commune d'Ardin), par M. A. Bouneault. | 29 |
| Inscription du chemin du Clou-Bouchet, à Niort, par M. Octave Gelin | 35 |
| Inscription en caractères hébraïques, à Exoudun, par M. Oct. Gelin. | 60 |
| Grafite de Bagnaux, commune d'Exoudun, par M. Oct. Gelin. | 63 |

## 3° NOMS DE LOCALITÉS

| | |
|---|---|
| Aigues-Mortes (Tour de Constance) | 61 |
| Archiac | 52 |
| Ardin (Bloué, Chambron), 24, 27, 28 | 29 |
| Arvert | 31 et Supplément |
| Augé (Plessis-Pichet) | 27 |
| Aulnay | Supplément |
| Avèze (Bouisse) | 31 |
| Avy (Perrenon) | 5 |
| Baune-Cornillane | 39 |
| Bergerac | 36 |
| Bezaudun | 39 |
| Bonnelière (Vendée) | 21 |
| Bouin | 6 |
| Breloux (La Morlière) | 7 |
| Briançon | 36 |
| Busseau | 32, 39 |
| Caen | 20, 62 |
| Castelmoron | 37 |
| Celle (Zell) | 47 |
| Celles-sur-Belle | 51 |
| Cezais (La Cressonnière) | 7 |
| Chapelle-Bâton (Grange-Fougère) | 7 |
| Chatenet | 60 |
| Chef-Boutonne | 20 |
| Civray | 28, 36 |
| Clussais (Limort, La Pommeraie), 21, 31, 38 | 59 |
| Cognac (Charente). 25 et Corrections. | |
| Coivert | 19 et Supplément |
| Corgemont | 40 |
| Coulonges-sur-l'Autise. 24, 27, | 62 |
| Dampierre-sur-Boutonne | 9 |
| Exoudun (Bagnaux) 49, 59, 60, 63 | 64 |
| Fénery | 51 |
| Fontenay-le-Comte 22, 44, | 51 |
| Genève | 46 |
| Gerbeviller | 43 |
| Germond (Repéroux) | 31 |
| Gijounet 20 et Corrections | |
| Givrezac (Charpenaize) | 57 |
| Hanc (Breuil-Coiffault) | 21 |
| Haye (La) 47, | 48 |
| Héricourt | 37 |
| Jarrie (La) | 8 |
| Jouarre | 44 |
| Laleu | 21 |
| Lavausseau | 20 |
| Limoges | 40 |
| Lonzac (Montlambert) | 33 |
| Loudun 7, 50, | 51 |
| Lusignan (Font-de-Cé) | 33 |
| Marans | 32 |
| Marsilly 15, 19, | 33 |
| Melle 23, | 45 |
| Menigoute | 5 |
| Montpellier | 6 |
| Mosnac | 19 |
| Mothe-Saint-Héray 7, | 49 |
| Nantes | 53 |
| Néré (La Barde).. 22 et Supplément. | |
| Nieuil-le-Virouil | 28 |
| Nimes 7, 25, 31, 32, | 37 |
| Niort 5, 23, 34, 40, | 60 |
| Paris | 61 |
| Plassac | Supplément |
| Poitiers 5, 6, 12, 31, 51, | 52 |
| Prahecq | 51 |
| Pranles (Bouchet) | 23 |
| Rochelle (La) 5 et Corrections 7, 12, 13, 15, 18, 21, 33, 34, 39, | 54 |
| Rouen. 22, Corrections et Supplément. | |
| Saint-André-de-Valborgne | 39 |
| Saint-Cyr-en-Talmondais | 50 |
| Saint-Hippolyte | 39 |
| Saint-Jean-d'Angély... 32, 52, et Supplément. | |
| Saint-Just | 39 |
| Saint-Maixent 22, 27, | 58 |
| Saint-Médard (Sainte-Rue) | 6 |
| Saint-Mihiel | 25 |
| Saint-Pompain 24, | 36 |
| Saint-Savinien | 22 |
| Saint-Trojan | 45 |
| Saintes 8, 9, 22, 25, | 32 |
| Sancerre | 26 |
| Scillé (La Fouquetière) | 5 |
| Secondigné 54, | 52 |
| Sedan | Supplément |
| Taillebourg | 19 |
| Tremblade (La).. Supplément | |
| Usson, près Pons 9 et Corrections. | |
| Vaux, près Metz | 8 |
| Vaux, près Royan | 31 |
| Viane (Pierre-Segade) 19, | 37 |
| Villesalem, près La Trimouille. | 5 |
| Vouthon | 43 |
| Xaintray (La Gord) 8 et Supplément. | |
| Xanton | 32 |

www.ingramcontent.com/pod-product-compliance
Lightning Source LLC
LaVergne TN
LVHW051458090426
835512LV00010B/2206